中青年经济学家文库

建设项目PPP融资模式风险识别及控制策略研究

陈 洁 著

中国财经出版传媒集团

经济科学出版社
Economic Science Press

图书在版编目（CIP）数据

建设项目 PPP 融资模式风险识别及控制策略研究/陈洁著．—北京：经济科学出版社，2018.4
（中青年经济学家文库）
ISBN 978-7-5141-9269-8

Ⅰ.①建… Ⅱ.①陈… Ⅲ.①基本建设项目-政府投资-合作-社会资本-融资模式-风险控制-研究 Ⅳ.①F830.59

中国版本图书馆 CIP 数据核字（2018）第 089596 号

责任编辑：李 雪 程辛宁
责任校对：杨 海
责任印制：邱 天

建设项目 PPP 融资模式风险识别及控制策略研究
陈 洁 著
经济科学出版社出版、发行 新华书店经销
社址：北京市海淀区阜成路甲 28 号 邮编：100142
总编部电话：010-88191217 发行部电话：010-88191522
网址：www.esp.com.cn
电子邮件：esp@esp.com.cn
天猫网店：经济科学出版社旗舰店
网址：http://jjkxcbs.tmall.com
北京财经印刷厂印装
880×1230 32 开 7.625 印张 200000 字
2018 年 4 月第 1 版 2018 年 4 月第 1 次印刷
ISBN 978-7-5141-9269-8 定价：32.00 元
（图书出现印装问题，本社负责调换。电话：010-88191510）

前　　言

政府和社会资本合作（PPP）模式，属于公共基础设施建设项目中的一种融资模式。在该模式下，鼓励私营企业、民营资本与政府合作，参与公共基础设施建设。本书的研究成果希望能有助于PPP项目降低风险、减少损失，进而优化完善风险管理系统，同时通过本书的深入研究以期为PPP融资未来改革发展和拓宽PPP融资思路提供参考借鉴。

本书具有较强实践性，可有效保证PPP模式下建设项目的顺利实施。在建设项目中，采用PPP融资模式具有复杂性，目前对该类项目风险识别及风险控制的深入研究不多，本书对建设项目PPP融资模式的风险理论具有一定的补充与完善作用。首先在分析融资模式理论和我国建设项目PPP融资模式风险现状的基础上，对建设项目PPP融资模式中的风险进行识别，进而分析建设项目PPP融资模式财务管控，最后提出切实可行的建设项目PPP融资模式风险控制对策。本书对建设项目PPP融资模式提出实施风险管理的思路，具有一定的实用性和应用价值，有助于政府相关部门对建设项目PPP融资模式做出风险识别和风险管理，为建设项目PPP融资模式的良好运行打下基础。

本书内容分为八章，具体章节内容如下：第一章，绪论。主要阐述研究目的和意义、国内外研究综述、具体研究内容和研究方法。第二章，建设项目PPP融资模式概述。主要阐述了PPP融资模式的定义、PPP融资模式国内发展历程、PPP融资模式的优势及其运作难点、建设项目PPP融资模式分类、建设项目PPP融资模式的特征。第三章，建设项目PPP融资模式相关理论。主要阐述了项目区分理论、公共产品理论、政府失灵理论、委托代理理论、利益相关者理论。第四章，我国建设项目 PPP 融资模式典型案例。主要阐述了国内典型案例，南京长江三桥项目、北京地铁 4 号线项目、广州西朗污水处理厂项目、青岛海湾大桥融资招标项目、国家体育场项目和杭州湾大桥项目。第五章，国外建设项目 PPP 融资模式的应用和启示。主要阐述了国外建设项目 PPP 融资模式概述、英国 PPP 融资模式的应用和启示、澳大利亚 PPP 融资模式应用和启示、加拿大 PPP 融资模式应用和启示。第六章，建设项目 PPP 融资模式风险识别。主要阐述了 PPP 融资模式风险管理概述、建设项目 PPP 融资模式风险含义及特征、建设项目 PPP 融资模式风险识别、建设项目 PPP 融资模式风险识别分类、建设项目 PPP 融资模式风险识别案例。第七章，建设项目 PPP 融资模式财务管控。主要阐述了 PPP 融资模式运作流程、PPP 融资模式财务管控内容、PPP 融资模式财政管理与物有所值评价。第八章，建设项目 PPP 融资模式风险控制策略。主要阐述了建设项目 PPP 融资模式风险控制中的主要问题，建设项目 PPP 融资模式风险控制策略。

本书是国家社科基金重点项目“创新型企业知识产权质押贷款风险与预警研究”（14AJY004）课题，天津城建大学科研启动项目“建设项目 PPP 融资模式风险识别及评价体系研究”课题，天津市建设系统软课题（2016－软 13），天津市财政局天津市会计学会 2017～2018 年度重点会计科研项目“PPP 项目财务管控研究”（Y170402）课题的阶段性研究成果之一，同时本书也是天津市普通高校人文社科重点研究基地－天津城镇化与新农村建设研究中心资助项目。

本书在编写过程中，参阅了大量的资料，并在参考文献中尽可能逐一列出，在此，特向这些作者表示深深的感谢。但极有可能出现一些遗漏，请见谅。限于本人水平，不足之处敬请读者批评指正！

2018 年 4 月

目　　录

第一章

绪　　论

第一节

研究目的和意义

一、研究目的

政府和社会资本合作（public private partnership，PPP，也称公私合作模式），是公共基础设施中的一种项目融资模式。在该模式下，鼓励私营企业、民营资本与政府合作，参与公共基础设施建设。本书的研究成果有助于 PPP 项目降低风险、减少损失，进而优化完善风险管理系统，同时通过本书的深入研究将有助于探索出高质量、低成本，具有一定环保性的

PPP 项目。

本书研究成果具有较强实践性，可有效保证 PPP 模式下的建设项目的顺利实施。在建设项目中，采用 PPP 融资模式具有复杂性，目前缺乏对于该类项目风险识别及评价的统一认识。本书研究成果对建设项目 PPP 融资模式风险因素进行识别，并提出控制策略，以 PPP 项目和风险管理的相关理论知识为基础，对 PPP 项目风险展开比较全面的、系统的研究，可帮助建设项目参与者认识到融资中存在的风险，有目的地加强融资风险的监控，提高资金的利用效率以及建设项目融资风险管理水平。

二、研究意义

（一）理论意义

对建设项目 PPP 融资模式的风险理论进行补充与完善。本研究在分析融资模式理论和我国建设项目 PPP 融资模式的风险现状基础之上，对建设项目 PPP 融资模式中的风险进行识别，进而分析建设项目 PPP 融资模式财务管控，最后提出切实可行的风险控制对策。

（二）实践意义

对建设项目 PPP 融资模式提供实施风险管理的指导。建设项目 PPP 融资模式比较复杂，本书提出的控制策略具有一定的实用性和应用价值，可为政府部门提供风险分析和评价，作出风险管理对策，为 PPP 模式的长远发展奠定基础。

第二节 国内外研究综述

一、国外研究

随着 PPP 模式在世界各国得到越来越广泛的应用，研究也扩展到 PPP 模式的风险研究。基于福利经济学角度，通过对 PPP 模式项目参与方在建设运营中角色和责利分担进行分析，研究私营企业在多大程度上参与 PPP 项目建设，才能达到项目整体效益（私人利益和社会效益）最大化（Harvey Brooks et al，1984）①；在这个过程中，需要关注项目融资风险的划分，融资

① Brooks H，Liebman L，Schelling C S. Public – Private Partnership：New Opportunities for Meeting Social Needs ［J］. Journal of Policy Analysis & Management，1984，4（2）.

风险可划分为政治风险、市场风险、启动成本风险、运营风险、技术风险五大类，同时可进行进一步的细分（Hiramatsu，1998）①；虽然存在有诸多风险，但应该看到，社会资本参与的多样化投资能够有效缓解经济环境的持续低迷，成为国家经济发展新的动力。另外，政府和私人在项目建设运营过程中相互依存、相互制约，有助于提高项目的透明度，提高项目的质量和效率，增强私人投资实现预期目标的信心，从而推动城市基础设施的发展（S. Brooke & J. G. Vail，1999）②。同时，必须关注风险管理的必要性，从风险管理的角度对 PPP 模式融资风险进行分析，政府是 PPP 项目融资的主导者，并在项目融资成功方面具有非常重要的作用，政府的合理定位，在 PPP 模式项目中扮演重要的角色，这些都对降低项目风险和提高公私合作效率有重要意义。项目从招标到项目结束主要由政府管理，容易产生腐败、低效率等风险，政府部门应实施有效的措施管理风险、加强政府监督，发挥政府在项目融资过程中的主导作用，提高 PPP 项目融资建设的成功概率，增强社会效益

---

① Hiramatsu K. Status Quo and Problems of Private Infrastructure Projects in Asia: Risk Management on Proiect Finance [J]. Journal of College of International Studies, 1998, 21: 1-31.

② Brooke S, Vail J G. Public-and private-sector partnerships in contraceptive research and development: guiding principles. [J]. International Journal of Gynaecology & Obstetrics the Official Organ of the International Federation of Gynaecology & Obstetrics, 1999, 67 (S2): S125.

(R. Ramamurti, 2003)[①]；公私伙伴关系在世界上已经使用了几十年，在不同国家以不同的速度增长并且取得了不同的成功，公私伙伴关系的关键成功因素成为关注的重点（J. E. Nilsson & R. Pyddoke, 2007)[②]。在这些关键成功因素中，可重点分析风险需求和私人投资者的努力程度，并对不同付费模式下的PPP模式效率进行分析，得出结论：私人投资者的外生风险需求和风险规避度越大时，PPP模式采用政府补偿机制时，PPP模式的效率更高。在不同的环境下，PPP模式面临的风险不同，各种风险的防范措施存在差异，因此应根据PPP模式项目面临的风险不同选择不同的付费方式，以提高PPP模式效率(R. K. IIhon, 2011)[③]。可根据重要性对风险因素进行排序，提供关键风险因素的优先分配，私营部门和公共部门对危险性的认识存在显著差异，建设和运营阶段是至关重要的。所以，对于公私合作项目的成功，公共和私营部门必须加强风险沟通，以避免风险临界感的差异（O. Ahmad, Y. Ibrahim &

① Ramamurti R. Can governments make credible promises? Insights from infrastructure projects in emerging economies [J]. Journal of International Management, 2003, 9 (3): 253 - 269.

② Nilsson J E, Pyddoke R. Public Private Partnership in transport infrastructure: State-of-the art [J]. Vti Rapport, 2007.

③ Ilhan R K. Public Private Partnerships in Turkey [J]. European Public Private Partnership Law Review, 2011.

M. S. Minai，2017）①。

二、国内研究

我国引进 PPP 模式较晚，对其研究还没有深入，目前国内研究多是侧重于介绍 PPP 模式的含义、特点及运作模式，少有学者的研究涉及 PPP 模式的风险。

（一）PPP 模式内涵

王灏（2004）探讨了 PPP 的定义和分类，以地铁 4 号线为例分析了票价问题在 PPP 运作中的作用，并提出了适合中国轨道交通项目的前补偿模式和后补偿模式。贾康和孙洁（2009）指出，PPP 模式的特征包括：项目目标一致、利益共享和风险分担。PPP 模式区别其他项目模式的显著标志是政府部门和私人部门共同分担风险，此处的风险分担不是参与方都竞相承担最小风险，而是考虑彼此的风险承担能力，承担自己有相对承担优势的风险，从而使得项目的整体风险最小化，因此，需要

① Ahmad U，Ibrahim Y，Minai M S. Public Private Partnership in Malaysia：The Differences in Perceptions on the Criticality of Risk Factors and Allocation of Risks between the Private and Public Sectors ［J］. International Review of Management & Marketing，2017，7.

在机制创新层面理解 PPP 模式。史可（2014）指出要正确理解 PPP 项目的道德责任和风险分担理念。政府部门和私人部门应该是风险分担，而不是相互推卸风险和责任。孙洁（2014）指出研究 PPP 模式不仅要关注其融资模式特点，更要关注其管理模式特点。只有正确全面地认识 PPP 模式的内涵和特点，正确理解 PPP 模式的多样性、复杂性和长期性，才能更好地达到采用这一模式的目标要求。董光耀（2015）指出政府部门及业界对 PPP 的认识发生了重大转变，已经从作为政府部门融资工具的微观范畴上升至促进投资体制改革的宏观层面，而这一转变正是各种因素综合作用的必然。

（二）PPP 模式风险识别

彭桃花、赖国锦（2004）指出 PPP 项目的主要风险为政策风险、汇率风险、技术风险、财务风险和营运风险，科学地识别风险并将风险分配给相对最有利承担的 PPP 项目参与者方能实现项目价值的最大化。邓小鹏和李启明等（2006）指出风险识别的内容是对影响 PPP 项目进展的风险因素、性质及风险产生的条件和其可能引起的后果进行识别，据此衡量项目风险大小，并提出 PPP 项目风险管理的五大目标。王守清（2014）指出风险始终贯穿 PPP 项目的整个过程，PPP 项目承担者会面临很多风险，包括法规风险、政府信用风险、市场和收益风险、融资和建造风险以及不可抗力风险。王海鑫（2015）通过研究构建了风险因素指标体系，即参与方在风险管理中需对政策持续风险、法律变更风险、合同文件冲突风险、融资风险、不可抗力风险着重关注。

（三）PPP模式风险评价

屈哲（2003）引入基于动态分析的方法为项目融资风险评价进行定量分析。范小军（2004）等基于模糊集理论对大型基础设施项目融资风险做出了动态评价。张曼等（2004）通过运用NPV指标监控法、融资风险指标监控法和B指标监控法构建风险评价模型，并对基础设施项目进行了案例分析。冀伟等（2006）以熵度量的不确定性为基础，综合考虑风险收益和风险发生概率之间的相互影响关系，建立了PPP项目融资风险的三维评价模型，并通过对实际项目的投资决策分析证明了模型价值。唐文彬（2011）基于层次分析法和模糊评判理论，建立了城市轨道交通项目风险评价模型和指标体系，并运用模糊层次分析法对具体案例进行风险评价。张玮、张卫东（2012）通过问卷调查对PPP项目风险进行识别，并构建风险评价指标体系，采用网络层次分析法对PPP项目风险进行评估，并以具体的案例用网络层次分析法确定风险指标的权重和排序，对主要风险因素进行评价。魏泽佳

（2013）运用了模糊综合评价法对我国轨道交通的 PPP 项目进行了风险评估，运用了核对表法对 PPP 项目风险因素进行了系统的识别，识别出影响 PPP 项目成败的关键因素，结合具体案例用模糊综合评价法对 PPP 项目风险进行了定量的评估。岳金桂、朱伟（2014）基于模糊综合评价法，对 BOT 境外水电项目的风险进行评价，通过对现有风险因素的总结，引入了新的风险因素，建立了较为完善的模糊综合评价模型。梁冬玲（2014）基于复杂系统理论、演化值、不完全契约等理论对 PPP 项目的隐性风险进行了分类和风险分担，梳理了 52 个风险因素，分析了各风险因素对 PPP 项目的影响程度，并建立了 PPP 项目的多元回归隐形风险分担模型。向鹏成（2016）的研究是利用模型通过仿真分析对 PPP 模式下城市基础设施融资风险进行评价。

三、研究述评

国外对 PPP 项目风险的研究非常重视，对风险量化分析已有较为系统的观点和研究方法，提出了一些风险管理措施，并应用于实践。我国对于 PPP 项目风险研究主要是在国外研究的基础上进行的。但国外对 PPP 模式的研究，大多是以本国实践为对象，很少涉及其他国家或地区如何利用 PPP 模式加快公共事业建设进程的问题，没有针对中国这类发展中国家如何有效运作 PPP 模式来解决私人资本参与公用事业建设的问题。因此本书在结合我国国情的基础上，对 PPP 项目风险进行评价，并将主要风险应对措施融入 PPP 项目风险控制的策略中，起到了完善 PPP 项目风险管理理论的作用。

第三节 研究内容和研究方法

一、研究内容

本书研究内容分为八章，具体章节内容如下：

第一章，绪论。主要阐述研究目的和意义；国内外研究综述；具体研究内容和研究方法。

第二章，建设项目 PPP 融资模式概述。主要阐述了 PPP 融资模式的定义；PPP 融资模式国内发展历程；PPP 融资模式的优势及其运作难点；建设项目 PPP 融资模式分类；建设项目 PPP 融资模式的特征。

第三章，建设项目 PPP 融资模式相关理论。主要阐述了项目区分理论、公共产品理论、政府失灵理论、委托代理理论和利益相关者理论。

第四章，我国建设项目PPP融资模式典型案例。主要阐述了国内典型案例，包括：南京长江三桥项目、北京地铁4号线项目、广州西朗污水处理厂项目、青岛海湾大桥BOT融资招标项目、国家体育场项目和杭州湾大桥项目。

第五章，国外建设项目PPP融资模式的应用和启示。主要阐述了国外建设项目PPP融资模式概述；英国PPP融资模式的应用和启示；澳大利亚PPP融资模式应用和启示；加拿大PPP融资模式应用和启示。

第六章，建设项目PPP融资模式风险识别。主要阐述了PPP融资模式风险管理概述；建设项目PPP融资模式风险内涵及特征；建设项目PPP融资模式风险识别；建设项目PPP融资模式风险识别分类；建设项目PPP融资模式风险识别案例；建设项目PPP融资模式风险应对措施。

第七章，建设项目PPP融资模式财务管控。主要阐述了PPP融资模式运作流程；PPP融资模式财务管控内容；PPP融资模式财政管理与物有所值评价。

第八章，建设项目PPP融资模式风险控制策略。主要阐述了建设项目PPP融资模式风险控制中的主要问题；建设项目PPP融资模式风险控制策略。

二、研究方法

本书以管理学、经济学等多学科为研究视角，综合运用文献研究法、案例分析法等定性研究方法，多角度进行分析。

（1）文献调查法。本书通过文献搜集 PPP 模式相关的概念、特点，全面的了解 PPP 模式融资过程中存在的风险，对融资风险识别、评价和管理控制等理论进行梳理，通过对已有相关研究成果和文献资料进行借鉴、归纳和总结，确立本书研究基础，比较分析现有研究成果和研究不足之处，从而获取本书研究的理论视角和理论依据。

（2）案例分析法。在分析建设项目 PPP 融资模式风险管理理论的基础上，本书选取了我国建设领域 PPP 融资模式应用方面的若干典型案例，通过案例分析，找出 PPP 融资模式中主要的风险因素，对其产生的原因和内在的规律进行深入剖析。

（3）访谈及问卷调查法。本书通过访谈及问卷调查法完成对建设项目 PPP 融资模式现状、PPP 融资模式风险影响因素等基础性资料的提炼和分析。

第二章

建设项目 PPP 融资模式概述

PPP 是英文“public-private partnership”的缩写，在我国被称为“政府和社会资本合作”，这种模式是通过政府公共部门与私人部门建立关系，并由私人部门提供公共产品或服务的一种方式。PPP 的通常模式是由社会资本承担设计、建造、运营、维护基础设施的大部分工作，并且通过“使用者付费”及必要的“政府付费”获得合理投资回报，政府部门对基础设施及公共服务价格和质量监管负责，从而保证公共利益的最大化。[①]

根据诺瑟姆 S 形曲线，我国正处在城镇化中期，城镇化率快速增长，2004 ~ 2013 年近十年每年平均增长 1.25%。1978 ~ 2013 年，我国城镇化率从 17.9% 提升到 53.7%。[②] 依据我国城

① 郁书超. 英国防务项目 PPP 案例分析 [J]. 中国商论，2017 (18)：78 – 80.

② 常文涛. 我国城镇化发展的历史考察与现状分析 [J]. 黑河学刊，2016 (3)：9 – 13.

镇化水平估算，到 2030 年我国城市人口数量将占中国总人口的 50%，这使我国将面临公用设施供需压力和市政公用事业的建设高峰，迫切需要我们寻求新的项目融资模式及提供良好的政策环境。我国政府对 PPP 模式在公用设施项目的应用非常重视，但目前情况下，PPP 模式运作的过程中还存在诸多不完善的地方，这些存在的问题都是必须要给以解决的。

关于 PPP 模式风险管理的研究，我国现阶段主要局限于对国外理论的引入和实践的探索，同时对 PPP 模式在我国建设领域运作中的具体风险问题，特别是在风险识别方面、风险规避对策方面缺乏系统性研究，所以对于建设项目 PPP 融资模式风险识别及控制策略的研究是很有必要的。

第一节 PPP 融资模式定义

一、国外定义

PPP 融资模式最早由英国政府于 1982 年提出，泛指政府与私营商签订长期协议，授权私营商代替政府建设、运营或管理公共基础设施并向公众提供公共服务，是公共部门（政府）与私人部门（企业或其他组织）合作推动基础设施和公共事业项目建设的项目运作模式。西方市场经济国家将其经济活动划分为公共部门和私人部门的活动，两者划分界限清晰，各自开展项目投融资及建设并遵循不同的原则、模式及评价机制。20 世纪 90 年代初在英国公共服务领域开始应用的一种政府与社会资本之间的合作方式，是西方国家政府创新治理提出的一个概念。目前在 PPP 项目推广领域，西方发达国家已经建成了较为成熟的制度体系，其发展历程是实践与理论结合的结果，对 PPP 融资模式概念的描述，可以从以下理论视角展开，① 主要内容见表 2－1。

表 2－1 不同理论视角对 PPP 融资模式概念理解

理论名称	主要内容
关系性合约理论	PPP 是新型的合作伙伴关系及联盟，与交易契约关系是有区别的，具有关系契约的特点，相应的治理方式也应吸收关系契约的治理原则
交易成本经济学	基于成本经济学视角，提出交易成本的作用和关系合约中信任的重要性
产权经济学	私人部门参与政府提供公共产品的产权是怎样起作用的，即何种产权安排导致联合剩余最大
博弈论	把 PPP 看作一个社会博弈，把 PPP 的现象、经验和讨论放到更广的博弈视角的环境中，有利于更好地理解

① 叶晓甦，徐春梅．我国公共项目公私合作（PPP）模式研究述评［J］．软科学，2013，27（6）．

截至目前，PPP 模式在世界范围内还没有形成一个统一的、明确的定义，其有广义和狭义之分。广义的 PPP 模式本身是一个意义非常宽泛的概念，泛指公共部门与私人部门为提供公共产品或服务而建立的各种合作关系。财政部在《关于推广运用政府和社会资本合作模式有关问题的通知》中指出：政府和社会资本合作模式（PPP）是在基础设施及公共服务领域建立的一种长期合作关系，属于广义 PPP 的范畴。但对 PPP 的通用模式进行阐述时则主要针对狭义 PPP，即“通常模式是由社会资本承担设计、建设、运营、维护基础设施的大部分工作，并通过‘使用者付费’及必要的‘政府付费’获得合理投资回报；政府部门负责基础设施及公共服务价格和质量监管，以保证公共利益最大化。”财政部认为，PPP 是政府与社会资本为提供公共产品或服务而建立的“全过程”合作关系，以授予特许经营权为基础，以利益共享和风险共担为特征，通过引入市场竞争和激励约束机制，发挥双方优势，提高公共产品或服务的质量和供给效率。①

狭义的 PPP 模式是指政府和社会资本作为平等主体参与的项目融资模式的总称，可分为外包、特许经营和私有化三大类（外包类一般是由政府投资私人部门承包整个项目中的一项或

① 周正祥，张秀芳，张平新．常态下 PPP 模式应用存在的问题及对策［J］．中国软科学，2015（9）：82－95.

几项职能；特许经营类是指需要私人参与部分或全部投资，并通过一定的合作机制与公共部门分担项目风险、共享项目收益；私有化类是指需要私人部门负责项目的全部投资，在政府监管下通过向用户收费收回投资实现利润）。狭义 PPP 具体模式主要有：建设－运营－移交（build-operate-transfer，BOT），移交－运营－移交（transfer-operate-transfer，TOT），PPP 与 BOT，TOT 是一种包含关系，不是并列关系。狭义 PPP 是从公共基础设施建设中发展起来的一种优化的项目融资模式，是一种以各个参与方的“共赢”为合作理念的现代融资模式。联合国发展计划署、亚洲开发银行、联合国培训研究院、标准普尔、欧盟委员会、香港效率促进组、加拿大 PPP 国家委员会和英国合作伙伴关系组织，这些国家（地区）或机构对 PPP 概念做出的相关界定见表 2－2。①

表 2－2　　PPP 概念解析

编号	组织机构	概念解析
1	联合国发展计划署	PPP 是指政府、营利性企业和非营利性组织基于某个项目而形成的相互合作关系的形式，合作方可以达到比预期单独行动更有利的结果。合作各方参与某个项目时，政府不是把项目的责任全部转移给私营部门，而是由参与合作的各方共同承担责任和融资风险

① 姚秀华．PPP 模式管理实务：政府和社会资本合作基础理论及其项目生命周期实践指南［M］．北京：经济管理出版社，2017.

续表

编号	组织机构	概念解析
2	亚洲开发银行	PPP 是指公共部门和私营部门在基础设施和其他服务方面的一系列合作关系，其特征有：政府授权、规制和监管，私营部门出资、运营并提供服务，公私长期合作、共担风险、提高效率和服务水平
3	联合国培训研究院	PPP 涵盖了不同社会系统倡导之间的所有制度化合作方式，目的是解决当地区域内的某些复杂问题
4	标准普尔	PPP 是公共部门与私人部门之间长期合约关系的媒介，包括风险分担和多部门之间的专有技术人才和融资共享，从而达到理想的政策结果
5	欧盟委员会	PPP 是公共部门和私营部门之间的一种合作关系，双方根据各自的优势共同承担风险和责任，以提供传统上由公共部门负责的公共项目和服务，可分为传统承包项目、开发经营项目和合作开发项目
6	香港效率促进组	PPP 是一种由双方共同提供公共服务或实施项目的安排。双方通过不同程度的参与和承担，各自发挥专长，包括：特许经营、私营部门投资、合伙投资、合伙经营、组成公司等几种形式
7	加拿大 PPP 国家委员会	PPP 是公共部门和私营部门基于各自的经验建立的一种合作经营关系，通过适当的资源分配、风险分担和利益分享，以满足公共需求
8	英国合作伙伴关系组织	PPP 是指两个或更多主体之间的协议，确保他们目标一致，合作完成公共服务项目，他们之间在一定程度上共享权利和责任、联合投资、共担风险和利益

二、国内定义

我国实行以公有制为主体的国家基本经济制度，现行投融资体制并没有将国家经济部门划分为“公共部门”和“私人部门”，而是分为“政府”和“企业”两个部分，并将投资项目划分为“政府投资项目”和“企业投资项目”。“政府投资项目”执行“审批制”管理模式，“企业投资项目”实行“核准制”和“备案制”管理模式。我国对 PPP 模式的理解是在借鉴国际基础设施和公共服务领域投资建设模式的基础上，结合我国国情提出的“政府和社会资本合作”模式。

值得注意的是，财政部在《关于推广运用政府和社会资本合作模式有关问题的通知》（2014）中将“政府和社会资本合作模式”（即 PPP）界定为：“政府部门和社会资本在基础设施及公共服务领域建立的一种长期合作关系，通常模式是由社会资本承担设计、建设、运营、维护基础设施的大部分工作，并通过‘使用者付费’及必要的‘政府付费’获得合理投资回报；政府部门负责基础设施及公共服务价格和质量监管，以保证公共利益最大化。”这一描述将私人资本扩展至社会资本范畴，界定了中国 PPP 模式下政府和社会资本在合作中的职责分工及盈利回报模式。而国家发改委在《国家发展改革委关于开展政府和社会资本合作的指导意见》（2014）中则将 PPP 界定为“政府为增强公共产品和服务供给能力、提高供给效率，通过特许经营、购买服务、股权合作等方式，与社会资本建立的利益共享、风险分担及长期合作关系。”总体上，两部委给出的 PPP 基本框架大方向一致，只是细节上有所差异，国家发改委表述的 PPP 是属于特许经营的 PPP，范围相对于财政部的更小一些。

财政部在《关于印发政府和社会资本合作模式操作指南（试行）的通知》（2014）中明确，社会资本是指已建立现代企业制度的境内外企业法人，但不包括本级政府所属融资平台公司及其他控股国有企业，也就是说，我国 PPP 的社会资本包括国有企业、民营企业、私人企业、外资企业、合资企业、混合所有制企业等。我国 PPP 中的社会资本不同于西方社会的“私人部门”。

第二节 PPP 融资模式国内发展历程

PPP 融资模式国内发展历程，具体内容可见表 2－3。

表 2－3　　PPP 融资模式国内发展历程

阶段	时间	政府政策	实践应用	特点
第一阶段	1995～2003 年	国务院及相关部委就外商投资特许权项目或与之有关的若干事宜发布规章或规范性文件：《关于试办外商投资特许权项目审批管理有关问题的通知》（1995）、《对外贸易经济合作部关于以 BOT 方式吸收外商投资有关问题的通知》（1994）、《国家计委关于加强国有基础设施资产权益转让管理的通知》（1999）、《城市市政公用事业利用外资暂行规定》（2000）	从 1995 年开始，在国家计委的主导之下，广西来宾 B 电厂、成都自来水六厂及长沙电厂等几个 BOT 试点项目相继开展； 2002 年，北京市政府主导实施了北京市第十水厂 BOT 项目； 合肥市王小郢污水处理厂资产权益转让项目运作中，项目相关各方对中国式 PPP 的规范化、专业化及本土化进行了尝试	本阶段后期，建设部及各地建设行政主管部门开始在市政公用事业领域试水特许经营模式，形成了相对成熟的项目结构及协议文本，为中国式 PPP 进入下一个发展阶段奠定了良好的基础
第二阶段	2004～2013 年	2004 年，建设部颁布并实施了《市政公用事业特许经营管理办法》，将特许经营的概念正式引入市政公用事业，并在城市供水、污水处理及燃气供应等领域发起大规模的项目实践	供水及污水处理行业的成功经验，经过复制与改良，被用于更加综合、开放和复杂的项目系统，而不再限于一个独立的运作单元，项目参与主体和影响项目实施的因素也趋多元，如北京地铁 4 号线和国家体育场两个项目	这一阶段，计划发展部门不再是 PPP 模式的唯一主导方，包括建设、交通、环保、国资等行业主管部门，以及地方政府在内均介入项目中。广泛、多元的项目实践，促进了 PPP 理论体系的深化和发展。实践与理论共识初步成型，政策法规框架、项目结构与合同范式在这个阶段得到基本确立

续表

阶段	时间	政府政策	实践应用	特点
第三阶段	2014 年后至今	中共十八大确定的落实“允许社会资本通过特许经营等方式参与城市基础设施投资和运营”改革举措 2014 年 3 月，财政部对推广 PPP 模式的原因、任务和方式予以系统阐述，并提出要从组织、立法和项目试点这三个层面大力推广 PPP 模式 2014 年 5 月，财政部政府和社会资本合作（PPP）工作领导小组正式设立；特许经营立法工作重新启动	国家发改委推出 80 个鼓励社会资本参与建设营运的示范项目，范围涉及传统基础设施、信息基础设施、清洁能源、油气、煤化工、石化产业，且项目模式不局限于特许经营	PPP 模式的顶层设计逐步完善，中国式 PPP 进入规范化发展阶段

第三节

PPP 融资模式的优势及其运作难点

一、PPP 融资模式的优势

PPP 融资模式打破了原先民间资本被引资进入公共事业建设领域的限制，该模式是伴随着基础设施的建设而发展起来的一种新型项目建设模式。建设项目所属的政府与企业之间，形成相互合作和合理分工，可以起到协调管理项目建设，进而有效保证建设项目顺利进行的目的。在建设项目中采用 PPP 融资模式的优点如图 2－1 所示。

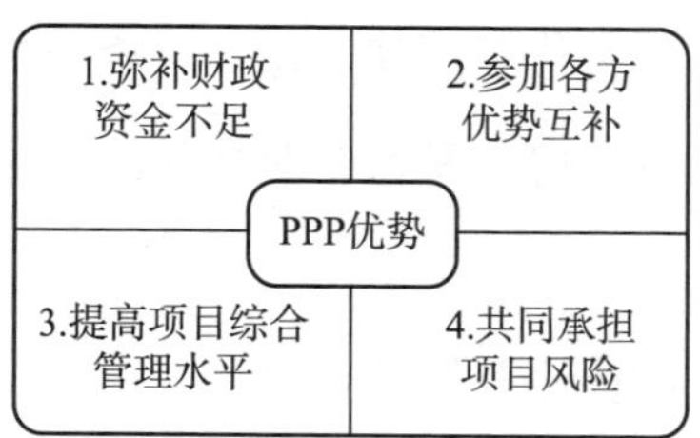

图 2－1 PPP 融资模式的优势

（一）弥补财政资金不足

建设项目 PPP 融资模式的实施，调动了私人部门的积极性，大大提高了对民间资本的利用效率，进而有效弥补了政府财政上的资金不足。目前政府部门不能够满足日益增长的基础设施建设的发展需求，采用 PPP 模式可以缓解政府部门的资金压力，对一些经济效益较低、融资困难的建设项目，融资可以给予经济支持，同时充分调动民间资本使用效率，进而满足建设项目的资金需求。

（二）参与各方优势互补

PPP 融资模式让政府和私营企业都进入到建设项目的运作中来，这样参与各方可以获得优势互补。私营企业在工艺技术、市场运营和生产等诸多方面存在优势条件，私营企业可以充分发挥这些优势，进而提高产品或服务的质量及生产效率。政府部门的优势主要是政策层面上，例如，可以出台 PPP 融资模式的扶持政策、各类优惠贷款、投融资条件等，这样二者可以彼此优势互补，促进政府与私营企业之间的双赢合作关系。

（三）提高了项目综合管理水平

PPP 融资模式在实际的运作中，可以提升基础设施类项目产品质量和服务水平。在 PPP 模式下，政府的职能由过去的“提供方与主导方”转变为现在的“参与方与监督方”，目前政府在这类模式里的主要职能是监管、督导项目在合理的市场机制中运行。同时在市场经济秩序下自主经营的私营企业，经济效益最大化是其在经营运作中的主要目的，由此私营企业必将努力提高生产能力，努力去提高产品的质量和生产率。所以，在政府和私营企业共同作用下，PPP 融资模式下建设项目综合管理水平得到了提升。

（四）共同承担项目风险

在 PPP 融资模式中，政府部门和私营企业共同参与建设项目的管理流程，形成了对于风险双方的共同承担机制，从而可以降低各参与方的风险，例如，政府部门在传统项目风险管理中所承担风险被大大降低。同时建设项目的运作过程中，有政府政策的扶植、对建设项目的支持，会降低私营企业的投资风险，可以对建设项目的顺利完成提供保证。

二、PPP 融资模式的运作难点

（一）融资渠道及资金控制能力

投资规模大、投资周期长、需要大量的资金，这些特性是在进行建设项目 PPP 融资模式运转中必然会面对的难点。不同的融资方案有着各自的融资成本及其对应的风险，但 PPP 融资模式筹集大量的资金必然要通过多元化的筹资路径来解决。在降低融资成本及风险的背景下，确定合理的融资方案，寻求对融资渠道的扩宽，可为建设项目 PPP 融资模式提供低成本的资金保障。

（二）建设项目各合作方关系复杂

因为在 PPP 融资模式下，建设项目的各合作方关系复杂，各个合作方关注的利益点不同，政府部门和社会资本都对自身所承担的成本给予了过度关注，导致竞标人在竞标时不落实资金承诺，这就会造成建设项目资金不足的风险。为了保障项目的正常进行，在建设项目整个运营阶段都需要实施高效的管理水平，在此背景下，合同化管理需要严格执行，需要充分发挥各个参与方的特色优势，在管理行为中重视协调管理。

（三）抗风险能力

对建设项目 PPP 融资模式下的项目公司而言，抗风险能力是必须面对的问题，同时也是一个难点。PPP 项目运营周期一般长达几十年的时间，如此长的运营周期，同时投资量巨大，伴随着基础设施的陈旧，私营部门自身的运营管理难度加大，政府部门在长期的监管中面临诸多风险，这些都对政府部门在履行监管职能时提出了较高的要求。建设项目 PPP 融资模式的不同运作阶段，必须认真进行风险识别、风险估计、风险评价，加强建设项目的风险管理，针对实践中的问题，制定有效的风险规避机制及规避措施，从而有效减少不确定事件及风险对建设项目带来的经济损失。

第四节

建设项目 PPP 融资模式分类

PPP 模式是以特许权协议为基础，政府部门与私人企业合作双方通过签署合同确定双方的权利和义务，参与合作的各方共同承担责任和风险，目标是通过该模式的运作，取得比预期单独行动更为有利的结果。主要的 PPP 融资模式有以下类型：BOT 模式、TOT 模式、ABS 模式、PFI 模式。

一、BOT 模式

BOT 是英文“build-operate-transfer”的缩写，中文是“建设 - 经营 - 移交”模式。政府和私人企业达成协议，由私人企业在特定的时间内筹集资金建设某项基础设施，并在一定时间内负责管理和经营该设施的产品或服务用以收回成本并取得利润，最后移交给政府。BOT模式特点及适用范围见表2-4。

表2-4　　BOT模式特点及适用范围

特点	适用范围
1. 要求高收益 2. 风险适中。政府将建设中面临的风险转移给了项目的投资者，以减少政府的财政压力 3. 通过直接吸引投资者购买已建成基础设施的经营权，不仅使政府可以立即得到资金用于投入其他的基础设施建设，同时减少了对于基础设施每年大量的维护保养费用 4. 有利于提高运营效率。外资或私人企业获得基础设施经营权后，他们将带来国际上先进的管理体制和管理经验，从而提高了基础设施的运营效率	1. 准经营性项目 2. 是一种引进外资的融资模式，主要面对外商，同时也可以针对我国有实力的私营企业和金融机构等 3. 主要运用于供电、供水、供气、通信等基础设施项目中

二、TOT模式

TOT模式是英文“transfer-operate-transfer”的缩写，中文是“移交-经营-移交”模式。政府将已经建设好项目的产权或者经营权有偿转让给私人企业，由私人企业自主盈亏，私人企业在约定的时期内通过管理经营收回投资成本并取得利润，之后将项目再移交给政府。TOT模式特点及适用范围见表2－5。

表2－5　　TOT模式特点及适用范围

特点	适用范围
1. 投资成本的收回依靠运营收入，风险较大 2. 特许经营公司在特许经营期内具有该基础设施的所有权和经营权 3. 特许经营公司承担了主要的风险，具有较高的融资成本 4. 要求高收益，BOT方式在项目建设和运营上都具有较高的效率，提供的产品和服务更容易满足客户的需求	1. 规模较大的经营性项目 2. 适用于投资高、建设周期长，同时具有高收益的基础设施建设 3. 目前较多的用于机场、收费公路、港口、隧道、电信、供水、发电厂、污水处理等大型的，并在预期内具有现金流的城市基础设施项目

三、ABS模式

ABS模式是英文“asset-backed-securitization”的缩写，中文是“资产支持证券化”模式。以项目拥有的资产或该项目的未来预期收益为基础，在资本市场上发行债券用以筹集资金的模式。ABS模式特点及适用范围见表2－6。

表2-6　　ABS模式特点及适用范围

特点	适用范围
1. 增强资产流动性。要求稳定收益 2. 依赖于资产信用。投资者在购买资产担保证券时，以资产质量和未来现金流的稳定性和可靠性作为主要依据 3. 风险低。投资者在证券到期的时候，可以获得证券本金和证券化基础资产创造的现金量的利息补偿。即使出现资产违约拒付情况，其资产债券的清偿也仅仅限于被证券化的数额，而投资者没有超过该资产限额的清偿义务	1. 准经营性项目 2. 基础设施资产有预期的稳定的现金流 3. 资产抵押变现率高，同时变现价值高。资产具有良好的历史记录，损失率和违约率比较低。资产具有相对公开透明的数据

四、PFI模式

PFI模式是英文“private-finance-initiative”的缩写，中文是“民间主动融资”模式。该模式是对BOT模式的优化，政府提出建设基础设施的需求并进行公开招投标，由获得特许权的私人企业进行该项目的建设和运营，用以收回成本并取得利润，在规定的时间后将该项目无偿归还政府，但可以继续通过租用的方式获得运营权而取得利润。PFI模式特点及适用范围见表2-7。

表 2－7　　PFI 模式特点及适用范围

特点	适用范围
1. 风险低，广泛应用于各类基础设施 2. 私人资本的注入，缓解政府资金投入不足的问题，减轻政府财政负担，同时适当的转移了财政风险，有利于推动基础设施建设 3. 在基础设施领域引入竞争机制，更有助于学习和采用私人企业在管理、经验和技术上的优势，提高效率	1. 准经营性项目，非经营性项目 2. 广泛适用于可经营性基础设施、准经营性基础设施和非经营性基础设施 3. 相对于投资大的项目，PFI 模式更适合于相对小额的基础设施建设，例如，公路照明、民用建筑、警察局等

第五节

建设项目 PPP 融资模式特征

建设项目 PPP 融资模式中，融资者通过项目建成后投入运营取得的日常收益来获得资本回报，并偿还银行贷款。总体来说，PPP 融资模式的本质是公共部门（政府或政府代理部门）和私营部门为共同完成建设项目目标（例如，可以是基础设施建设和管理或自然资源开采等）而达成的长期合作关系。在该种模式下，政府由传统融资模式下的项目实施者转变为项目合作方和监督方，PPP 融资模式更加强调的是公私部门之间的优势互补、风险分担和利益共享。建设项目 PPP 融资模式的主要特征见图 2－2。

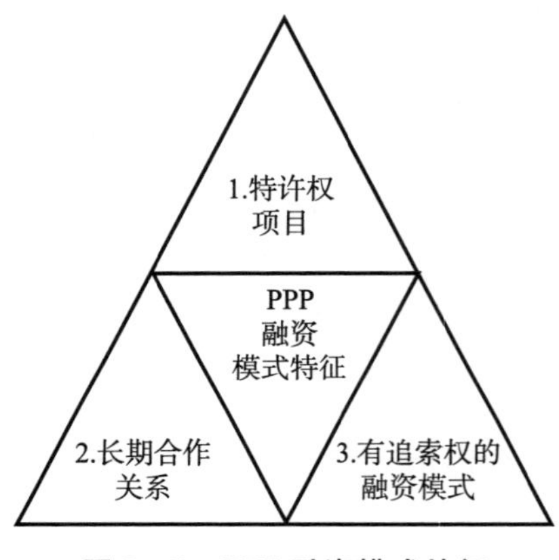

图 2－2　PPP 融资模式特征

一、一种特许权项目

建设项目 PPP 融资模式是一种特许权项目。该模式最适合于在国家具有所有权的基础设施建设、自然资源开采等项目中实施。实施过程中，政府会保留对该项目的所有权，并通过特许经营权的方式将该建设项目交与私营企业进行开发建设。

二、一种长期合作关系

建设项目 PPP 融资模式是政府和企业之间的一种长期合作

关系。一般情况下，建设项目的合作周期都会长达数年，同时，还会有全项目周期合作方式，即长期合作模式，这种长期合作，可以方便建设项目的各个参与方从长远的角度去规划建设项目中可以获得的整体利益，从而有效降低建设项目全生命周期成本，而不会因为短期利益给建设项目的长期性带来损害，从而达到双赢的结果。

三、一种具有追索权的融资模式

建设项目 PPP 融资模式其实质上具有狭义上的项目融资特征。狭义的项目融资主要是指通过项目的资产或者预期收益等作为抵押取得无追索权或部分追索权贷款的一种融资模式。PPP 融资是指通过建设项目建成后的预期运营收益和建设项目自有资产进行融资的一种模式。

第三章

建设项目 PPP 融资模式相关理论

第一节 项目区分理论

在建设项目 PPP 融资模式中，项目区分理论是政府部门和私人部门责利分担的重要理论依据。

在项目区分理论中，基础设施项目被划分为非经营性基础设施项目、准经营性基础设施项目和经营性基础设施项目，这种区分是以公共产品理论为基础，依据是否有收费机制即资金流入作为区分条件。各基础设施项目的投资主体、管理运作模式、资产权益归属等问题均按这个标准来确定。我国当前城市基础设施项目主要形式是准经营性基础设施项目，该类项目不仅具有公益性，同时又具有经济效益，但由于经济效益不明显，导致市场效率较低，通常通过政府补贴或提供优惠政策来弥补私人部门因政府政策及收费限制导致成本无法收回的损失。① 项目区分理论具体内容见表 3－1。

表 3－1　　　　项目区分理论内容

分类	特点	实施主体	适用项目
非经营性基础设施项目	具有较强的社会效益和环境效益	由政府部门直接投资建设	绿化、普通道路等
准经营性基础设施项目	兼顾公益性和经济性的投资项目，无法完全通过市场化机制进行运作	需要政府通过财政补贴、税收优惠等方式进行项目经营维护	自来水厂、城市交通
经营性基础设施项目	具有较强的经济效益	可以在政府的规划与监督之下完全通过市场化机制来进行运作	收费桥梁、收费隧道

第二节　公共产品理论

大卫·休谟最早提出了“搭便车”概念，1776 年亚当·斯密的《国富论》对政府的职能进行界定，1919 年林达尔在

① 毕忠利. 城市基础设施 PPP 模式融资风险控制研究［D］. 东北财经大学，2016.

《公平课税论》中正式提出“公共产品”一词，对“公共产品”的研究不断深入。1954 年萨缪尔森在《公共支出的纯粹理论》中对公共产品进行定义：每个人对公共产品的消费不会影响他人对公共产品的消费，并认为公共产品具有非竞争性和非排他性，非竞争性是指消费者对公共产品的消费不能阻碍其他消费者对公共产品消费的一种特性；非排他性是指消费者对某种公共产品的消费并不会导致成本的增加，即消费者对该产品的消费的边际成本为零。由于公共产品非竞争性和非排他性，使得公共产品最优产量条件为社会边际收益与社会边际成本相等。很多学者在萨缪尔森研究基础上不断对公共产品作深入研究，最终形成当前比较完善的公共产品理论，其具体内容见表 3－2。

表 3－2　　公共产品分类

分类		含义及特性
纯公共产品		适合由政府部门进行供给；更能保障社会公共利益，如国防、法律制度等
准公共产品	具有非竞争性但具有排他性的准公共产品	这种准公共产品具有非竞争性，其供给的边际成本较低，如高速公路、航运、有线网络等
	具有非排他性但具有竞争性的准公共产品	在没有超出界限时，消费者数量的增加不会导致成本的增加，消费者可以自由地享用公共产品的效益。当消费者数量超过临界点时，消费者数量的增加就会增加公共产品供给的成本，并对其他消费者的享用产生一定影响，如拥挤的桥梁和道路

公共产品的概念是相对于私人物品而提出，满足社会公共需要的具有共同消费性质的物品或服务，可称为公共品或公共物品。在日常生活中，例如，基础设施、自来水、燃气、电力等公共产品，教育、医疗、科技、卫生等公共服务，这些物品和服务均涉及民生公用事业。公共产品特征见表 3 – 3。

表 3 – 3　　公共产品特征

特征名称	特征含义	特征影响
非排他性	指公共产品导致一些消费者可以通过他人的付费而免费享受公共产品带来的效益，即会出现免费“搭便车”的情况，供给者难以将没有付费的个人排除在公共产品的享用利益之外，由于公共产品的供给者往往需要付出较高的成本去阻止这类消费者，所以，很少通过技术手段实行排他	基于公共产品的两大特征，使得政府部门成为公共产品供给的主体，即由于公共产品无法通过市场规则进行提供，私营部门不会自愿提供公共产品，造成公共产品市场供给的失灵
非竞争性	指公共产品的供给边际成本为零，即消费者的增加不会导致公共产品生产成本的增加，一人对公共产品的消费不会阻碍他人对公共产品的消费	

如表 3 – 2 和表 3 – 3 所示，基于公共产品分类及特性，准公共产品不能像纯公共产品一样完全由政府部门免费供给，因此，向准公共产品的使用者收取一定的费用变得具有合理性和

必要性。为了有效调节准公共产品的需求量，避免公共产品的过度使用和拥挤现象，可以通过向准公共产品的使用者收取合理的使用费，将准公共产品的投资成本分摊到消费者身上，这样可以规避公共产品消费的“搭便车”现象。

准公共产品自身的特征及其使用的收费性，使其通过引入市场机制进行生产和供给更具效率和可行性，所以在准公共产品的供给中适用 PPP 模式有了理论依据和现实的可行性。例如，城市交通、公共服务设施、供水供暖设施、垃圾处理等领域内，都可实施 PPP 融资模式，该模式可提高公共服务和产品供给的服务水平，主要途径是将政府供给和市场生产有机结合，充分实现二者的优势互补，进而有效调节公共产品的供给和需求，提高公共产品的使用效率和社会资源配置效率。在我国，城市基础设施中建设项目大多数是介于纯公共产品和私人产品之间属性的准公共产品，该类公共产品有一定的经济性，其获得收益的主要方式是运营收入和政府补贴，通过收费的方式把部分成本转移给消费者。因此，我国城市基础设施建设项目可以应用 PPP 模式，但不同的建设项目在具体应用该模式时，需根据具体环境分析其可行性和适用性。①

---

① 朱丹娜. PPP 模式在我国城市基础设施建设中应用的研究［D］. 江西财经大学，2016.

综上所述，公共产品理论中对建设项目中准公共产品含义及其性质的界定，成为在城市基础设施建设项目中引入 PPP 模式的重要理论依据之一。因为大型基础设施建设项目可采取合理收费的方式来弥补其投资建设的巨大投入，可以充分利用社会力量提高公共产品的供给和公共服务。建设项目 PPP 融资模式的引入可有效解决政府部门在基础设施建设过程中存在的职能缺陷、垄断经营、权力寻租和效率不佳等问题。

第三节 政府失灵理论

所谓政府失灵是指个人对公共物品的需求在政府供给层面得不到较好地满足，政府部门在公共物品供给时趋向于浪费和滥用资源，导致公共物品供给成本过大或者供给效率较低，无法实现社会资源的优化配置。

公共物品的消费非竞争性和非排他性，使公共物品具有较强的正外部性，而使用者往往具有“搭便车”的倾向，导致无法完全通过价格机制引导市场资源进入公共物品的生产和供给领域。而政府部门作为社会公共事务的管理者和社会公共资源的分配者，是公共物品供给的主要主体，也是解决市场失灵的主要制度安排。政府通过税收获得财政收入，保障自身职能的正常履行，其中向社会公众提供公共物品和服务是政府的一项重要职责。但政府部门在公共服务和产品供给过程中，也会由于政府机制的内在缺陷和不足而出现“政府失灵”的现象。“政府失灵”产生的原因和表现是多方面的，主要表现为以下几个方面：

1. 不完全信息

现实的社会经济环境相当复杂，政府部门要掌握整个社会经济全面、准确的信息存在较大的困难。政府部门面对的偏好显示和偏好加总具有较大的困难，使得政府的信息搜寻成本较高，导致政府部门提供信息往往不及时或不准确，影响了社会经济的正常运行。

2. 政府决策的失误

政府部门对社会公共资源的配置是通过公共选择方式来决策的，而由于社会偏好显示和偏好加总的困难，使得政府部门通过公共选择的方式确定社会公共利益存在困难，导致其最后决策难以真正体现社会公共利益，产生决策失误；而精英式的政府决策模式，使得政府决策的利益代表性受到限制。此外，政府决策的指挥链较长，反应慢，也会导致政府决策失误的产生。

3. 寻租行为

由于政府是公共权力的行使者，垄断着社会资源的分配，而权力和资源的垄断容易导致寻租行为的产生。在权力的行使和资源的配置过程中，部分政府官员出于自身利益的考虑，利用各种合法和非法的手段获取寻租的机会，以实现自身利益的最大化，出现政府官员的行为目标和公共利益的差异。寻租行为会导致社会资源配置的扭曲和浪费，降低社会公平和效率。

4. 政府运行效率问题

政府部门要有效发挥自身的职能，不仅有赖于财政能力的强弱，也取决于自身的运行效率，而在实际的运行过程中，政府部门的工作效率需要提高。其问题主要在于：政府活动缺乏竞争性，导致政府权力的垄断性；政府活动的预算约束力较弱，导致政府活动不计成本；政府部门内在的扩张性，导致政府机构和人员的膨胀。这些都增加了政府的运行成本，降低了其运行效率。

5. 政府职能履行问题

在现实的运行过程中，政府部门的职能容易出现“越位”“缺位”“错位”的现象。政府职能的“越位”是指政府部门过分干预市场和社会能办好的领域，政府的干预范围过广，限制了市场和社会的活力。政府职能的“缺位”是指政府部门对于应该由自身履行的职能却没有有效履行，没有较好地发挥自身的协调和管理作用。例如，政府对住房、医疗和教育等公共服务管理的缺位。而“错位”是指政府部门之间出现职能交叉、职责不清的现象，导致一些社会公共事务处理混乱，政出多门。而具体到公共产品和服务的供给中，缺乏有效的竞争机制和监督机制，导致政府部门垄断供给资源的输入和在公共产品供给过程中的低效率。此外，从“理性经济人”的人性假设来看，政府部门工作人员往往也具有自利倾向，在公共产品的供给过程中，为了谋求私利而进行寻租活动，导致公共物品生产和供给的低效率和腐败现象发生。在现实生活中，政府部门提供的公共物品大多是为了满足普通民众的偏好，而无法满足那些异质性的公共物品需求，从而产生“政府失灵”的现象。因此，由于政府失灵的存在，导致政府部门在公共物品和服务的供给方面存在着局限性，影响了其供给效率和质量。政府失灵现象的存在，为准公共物品供给过程中市场机制的引入提供了现实依据。通过在公共物品供给过程中引入 PPP 模式，能充分发挥市场竞争机制和价格机制的作用，提高公共物品资源配置的效率和公共物品供给的质量。

第四节 委托代理理论

委托代理理论兴起于 20 世纪 60 年代末至 70 年代初，主要是在研究企业内部信息不对称和激励问题时发展起来的。委托代理关系可以理解为一方通过合同等契约关系指定另一方为其提供服务，同时授予另一方一定的决策权力，并给予相应报酬，委托代理关系即告产生。授权者称之为委托人，而被授权者则称之为代理人。委托人和代理人之间通常存在目标不同以及利益冲突的问题。委托人和代理人都是经济人，他们都会为了自身利益最大化而努力。在委托代理关系中，委托人最关心投资项目的结果，而受托人则并不那么感兴趣，代理人最关心的是自已付出的努力将获得多少回报，而委托人对此却没有兴趣，即委托人追求企业效益最大化，而代理人追求个人财富最大化，导致两者存在利益冲突。这二者之间的关注焦点存在差异，从而导致目标不同。概括的分析就是，委托代理理论的研究对象是委托代理关系，由于利益比较优势的存在，委托人希望通过代理人经营管理资产获得投资回报，同时满足委托人和代理人的利益需求，但在委托代理过程中往往会产生监督成本、订约成本、净损失等在内的代理成本。另外，由于信息不对称的存在，代理人可能会为了享有更多的收益而忽略或损害委托人的利益。为了解决该问题，委托人通常要求代理人提高信息透明度、建立有效激励和监督约束机制，从而达到委托人和代理人在信息不对称环境下博弈双方的利益均衡。

基于以上分析，委托代理的本质是信息不对称，委托人无法直接知晓代理人付出努力的水平，代理人就可能利用自身信息优势以谋取自身利益最大化，从而产生代理问题。因此，必须设计出合理的机制来使得代理人选择适合委托人利益的最优努力水平，委托人需要对代理人进行合理的监督和激励。在 PPP 项目中，由于社会资本方具有相对优势，与政府签订一系列合同后，由政府授予社会资本方建设和运营公共基础设施的权力，这也是一种委托代理的关系。其中政府的目的是公共利益最大化，而社会资本方的目的是自身获得收益最大化，社会资本方要获取自身收益最大化就可能会损害公共利益，而政府需要使得公共利益最大化就会减少社会资本方的收益，这两者之间存在目的差异和利益的冲突。同时，在 PPP 项目进行的过程中，政府方将项目交与社会资本方建设或运营，政府方对项目的了解程度就不如社会资本方，这两者之间存在信息不对称的问题，社会资本方可能会为了自己的利益利用自身信息优势欺骗政府方。在 PPP 项目的财务风险管理中，政府方需要对社会资本方进行合理的约束和激励，防止因两者间目标不同和信息不对称而造成财务危机。随着城市基础设施建设项目的开发，委托代理理论在城市基础设施建设中的运用越来越广泛，一方面，政府接受群众委托管理基础设施；另一方面，政府作为委托人，企业作为代理人参与具体城市基础设施项目。在运用 PPP 融资模式进行城市基础设施建设过程中存在多层代理，导致信息流通受限，各参与方信息不对称问题严重，从而产生了城市基础设施项目融资风险。①

第五节 利益相关者理论

利益相关者理论在 20 世纪 60 年代提出，1963 年斯坦福研究院提出利益相关者的理论概念，1984 年弗里德曼在《战略性管理：一种利益相关者方法》中，把利益相关者定义为：任何能够影响或被组织目标所影响的团体或个人。学术界对其研究不断深入。利益相关者理论的核心内容是：企业通过考察不同主体相互作用的方式、程度及管理目标的影响，追求利益相关者整体利益最大化。

利益相关者理论已成为项目建设的重要分析依据之一，世界银行等国际机构对项目建设贷款的评价指南中规定，项目决策必须对利益相关者进行科学的分析，并规定了分析的指导原则。建设项目中的利益相关者众多，包括政府、企业、公众等，因此在建设项目 PPP 模式融资风险控制中，分析利益相关者的行为具有重要意义。在建设项目 PPP 融资模式中应在项目

① 程孟萍．高速公路 PPP 项目财务风险管理研究［D］．安徽财经大学，2017.

前期，充分考虑环境和风险因素的基础上对利益相关者进行定义和划分，明确利益相关者的研究对象和范围。

企业的利益相关者包括股东、企业员工、债权人、供应商、零售商、消费者、竞争者、中央政府、地方政府、社会活动团体、媒体等等。对这些利益相关者进行分类，目前国际上比较通用的是多维细分法和米切尔评分法，企业的生存和繁荣离不开利益相关者的支持，但利益相关者可以从多个角度进行细分，因为不同类型的利益相关者对于企业管理决策的影响以及被企业活动影响的程度是不一样的。

米切尔评分法是由美国学者米切尔和伍德于 1997 年提出的，它将利益相关者的界定与分类结合起来。首先认为，企业所有的利益相关者必须具备以下三个属性中至少一种：合法性、权利性以及紧迫性。依据他们从这三个方面对利益相关者进行评分，根据分值来将企业的利益相关者分为确定型利益相关者、预期型利益相关者和潜在型利益相关者三种类型。

1. 确定型利益相关者

他们同时拥有对企业问题的合理性、影响力和紧急性。为了企业的生存和发展，企业管理层必须十分关注他们的欲望和要求，并设法加以满足。典型的确定型利益相关者包括股东、雇员和顾客。

2. 预期型利益相关者

他们与企业保持较密切的联系，拥有上述三项属性中的两项。这种利益相关者又分为以下三种情况：

（1）主要的利益相关者。同时拥有合理性和影响力的群体，他们希望受到管理层的关注，也往往能够达到目的，在有些情况下还会正式地参与到企业决策过程中。这些群体可能包括投资者、雇员和政府部门。

（2）依靠的利益相关者。对企业拥有合理性和紧急性的群体，但却没有相应的权力来实施他们的要求。这种群体要想达到目的，需要赢得另外的更加强有力的利益相关者的拥护，或者寄希望于管理层的善行。他们通常采取的办法是结盟、参与政治活动、呼吁管理层的良知等。

（3）危险的利益相关者。对企业拥有紧急性和影响力，但没有合理性的群体。这种人对企业而言是非常危险的，他们常常通过暴力来满足他们的要求。例如，在矛盾激化时不满意的员工会发动鲁莽的罢工，环境主义者采取示威游行等抗议行动，政治和宗教极端主义者甚至还会发起恐怖主义活动。

3. 潜在型利益相关者

潜在型利益相关者是指只拥有合理性、影响力、紧急性三项特性中一项的群体。

（1）可自由对待的利益相关者。只拥有合理性但缺乏影响力和紧急性的群体，随企业的运作情况而决定是否发挥其利益相关者的作用。

（2）蛰伏的利益相关者。只有影响力但没有合理性和紧急性的群体，处于一种蛰伏状态，当他们实际使用权力，或者是威胁将要使用这种权力时被激活成一个值得关注的利益相关者。

（3）苛求的利益相关者。只拥有紧急性，但缺乏合理性和影响力的群体，在米切尔看来就像是“在管理者耳边嗡嗡作响的蚊子，令人烦躁但不危险，麻烦不断但无须太多关注。”除非他们能够展现出其要求具有一定的合法性，或者获得了某种权力，否则管理层并不需要，也很少有积极性去关注他们。

米切尔评分法的提出大大改善了利益相关者界定的可操作性，极大地推动了利益相关者理论的推广应用，并逐步成为利益相关者界定和分类的最常用的方法。许多学者结合所研究企业的具体情况，利用这种方法给企业的相关群体评分，为企业的管理决策提供参考依据。

第四章

我国建设项目 PPP 融资模式典型案例

第一节

南京长江三桥项目

一、项目概况

南京长江三桥项目于 2003 年开始动工，是交通部“十五”重点建设项目，是南京市“十一五”期间交通基础设施建设的重要一环。长江三桥之前，2001 年通车的长江二桥在一定程度上对长江大桥的车流量起到分流作用，但随着经济的快速发展，长江二桥和长江大桥均处于超饱和状态。另外，长江二桥位置偏东，导致从苏南、主城到皖北的过境车辆，挤占长江大桥。长江三桥正是在上述路网布局及交通状况背景下立项筹建的。长江三桥位于南京长江大桥上游约19千米处的大胜关，全线长约15.6千米，其中跨江大桥长4.75千米，主跨648米（当时属于国内第一、世界第三）的双塔双索面钢塔钢箱梁斜拉桥。全线共设四座互通立交，按双向六车道高速公路标准设计，概算总投资30.9亿元。①

二、项目运作要点

（一）PPP合作结构

南京长江三桥实际上是一个准BOT的模式，它和传统的BOT模式是有差异的，它是通过运营过程中增资扩股的方式来实现融资的。在该模式中，市政府授权三桥公司全权负责三桥项目建设阶段的筹融资以及建成后的项目运营，授权三桥指挥部负责三桥的工程建设，三桥公司先后引进了亿阳集团、深圳高速、浦口开发总公司等社会股东，该PPP模式合作结构见图4-1。

① 陈昶彧．南京长江三桥PPP项目成功经验分享——第15期“中国PPP沙龙”举办［J］．中国政府采购，2016（7）：30-33.

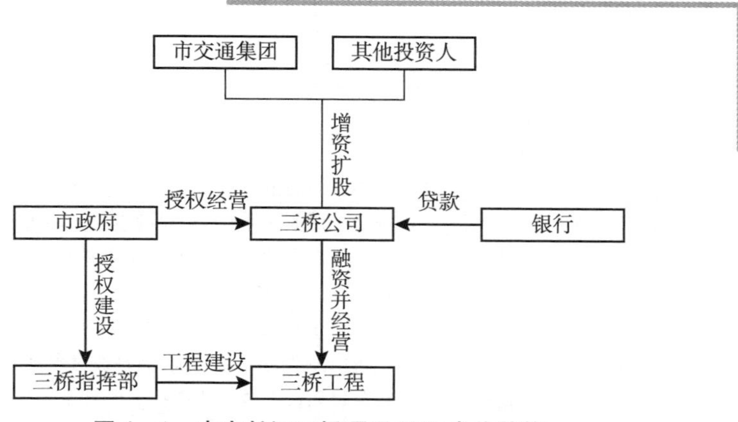

图 4-1　南京长江三桥项目 PPP 合作结构

（二）利益共享和风险分担

对于项目合作中最重要的利益共享和风险分担的问题，合作各方规范了交易中以下几个重要条款，具体内容见表 4-1。

表 4-1　　南京长江三桥项目 PPP 利益共享和风险分担

序号	重要条款	主要内容
1	项目目标	①引进社会资本来参与三桥建设，形成三桥建设投资的多元化，首先解决资金的诉求问题 ②由于社会资本本身的经营和它本身市场上的运营，带来一些资金、管理运作，通过这个引入，与原来国有企业的大股东进行合作，通过资源和经验的互助分享和协同把项目建设好

续表

序号	重要条款	主要内容
2	南京市政府、三桥公司、三桥指挥部三方关系	①三桥项目建设由南京市政府负责，具体授权三桥指挥部全权负责三桥项目建设的组织、协调与管理，三桥建设使命完成后，三桥指挥部即解散，人员转战其他基础设施项目 ②三桥公司全权负责三桥项目建设阶段的筹融资，并按三桥指挥部的用款计划无条件拨付建设资金 ③三桥公司无权干涉三桥指挥部的日常工作，但对三桥项目的工程建设的进展享有知情权，并有权监督建设资金的使用情况 ④任何因为可归责于三桥指挥部的事由（如质量、安全、工期责任等）而给三桥公司造成的损害，均由南京市政府负责向三桥公司赔偿，因超支导致的建设资金增加亦由南京市政府承担
3	特许经营权的收益问题	①南京市政府同意协助三桥公司就特许经营权的核心内容——收费权的期限报经省级政府有关部门批准，争取 30 年收费期。实际执行过程中，收费期限最初定为 25 年，2009 经批准延长到 30 年，2012 年又被调整到最初的 25 年 ②南京市政府将积极争取各分类车型收费标准以不低于长江二桥同期的收费标准向省政府申报 ③公司在三桥通车后，编制中长期偿债计划，每年在扣除营运成本、偿还到期公司债务并根据偿债计划进行资金预留后，可以按季度预分配所获得的收益

续表

序号	重要条款	主要内容
4	公司股权转让的问题	①在三桥建成交工验收前，公司股东不得转让公司股权，而在三桥建成交工验收之后涉及的其他三方投资者任何的股权转让行为，受让方的资格都要经市政府或其指定的部门认可 ②若届时政府有权部门批复的收费年限不足 30 年，则南京市交通集团同意应投资方的要求收购其所持有的公司全部股份，但转让要求必须在规定时间内提出，且收购价格须参照投资本金和同期贷款基准利率计算
5	特别约定	①政府稳定收益提出了特别的要求，在整个交通验收之前，在整个建设阶段，所有参与的股东股权是不可以转让的 ②在监管上有一个特别的专项账户，三桥公司筹措的资金要登记有关的工程并及时支付到这个账户上，这个账户上政府也是能够来监控的。所以，从这个角度来讲，不管是南京市政府还是负责建设管理单位，或是社会资本的投资人，在资金的监管上都能够发挥自己独有的作用，确保资金的安全

三、案例启示

南京长江三桥 PPP 项目主要有两点经验启示。

第一是平等的伙伴关系。这个项目在谈判过程中几家投资人进行得非常认真、细致、专业和规范，在谈判中各方谈判主体都能畅所欲言，每个不同主体合理的构想能够形成一致。该项目在整个投融资建设管理上对很多可能会发生的、潜在的、重大的、可操作的事情做了比较细的考量和安排。从法律结构关系上通过政府特许实施方案、增资扩股合同、相关章程基本保证了项目的运作。

第二是运作的透明。长江三桥项目整个运作还是比较透明的。2003年6月南京市政府有一个洽商会，潜在投资人跟南京市政府做了比较好的沟通，经过几轮遴选，最后确定了这样一个投资组合，组合过程中大家进行商议，达成一致后，发改委系统和其他几个系统都出具了专业意见，最后南京市政府审议通过。整个后面的实施也是有明确的界定和约定的。所以，在这个项目的运作中，存在一个契约精神比较好的环境。

第二节 北京地铁4号线项目

一、项目概况

北京地铁4号线项目全长约28.2千米，共24座车站，包括城市交通枢纽、商业密集区、大学校区以及旅游风景区。从该项目的线路规划设计来讲，北京地铁 4 号线占据了“地利”的先机，因而能保证其在运营期有充足的客流量，为采用 PPP 融资模式创造了非常好的预期收益条件。

从 2004 年开始，作为北京市政府代表的北京市基础设施投资有限公司（BIIC，以下简称“京投公司”）编制地铁 4 号线招商文件。2006 年 4 月，北京京港地铁有限公司（Beijing MTR，以下简称“京港地铁公司”）与北京市政府签订的《北京地铁 4 号线项目特许协议》。京投公司根据地铁 4 号线的初步设计，按照投资建设责任主体，将项目的建设内容划分为 A、B 两部分，总投资概算为 153 亿元人民币。A 部分主要为土建工程（即洞体）、车站结构等的投资和建设，投资概算为 107 亿元，约占总投资的 70%。该部分的投资和建设由政府出资的京投公司来负责实施；B 部分主要为车辆、信号、自动售检票机等设备的采购和施工，投资额约合 46 亿元，约占总投资的 30%。该部分的投资和建设由京港地铁公司来负责实施。京港地铁公司注册资本 13.8 亿元人民币，由京投公司出资 2%，北京首都创业集团有限公司（BCG）和香港铁路有限公司（MTR）各出资 49% 组建而成。京港地铁公司约 2/3 的资金通过无追索权的银行贷款方式融资。根据所签署的特许协议，京港地铁公司的特许经营期限为 30 年。在地铁 4 号线项目竣工验收完毕后的特许经营期内，政府将 A 部分的使用权租赁给京港地铁公司使用。京港地铁公司将负责 4 号线的运营管理、全部设施的维护和除去土建工程外的资产的更新及站内的商业经营。其间，政府负责制定票价，并行使监督权力。

二、项目运作要点

该 PPP 项目的合同关系如图 4－2 所示。

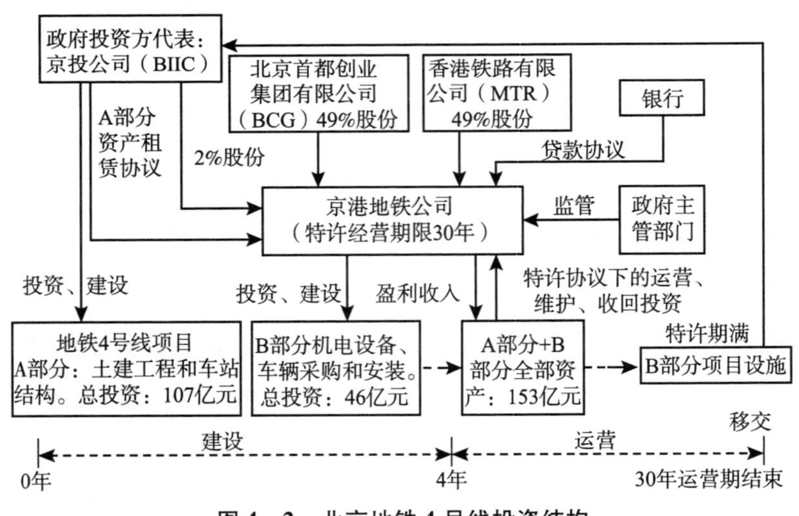

图 4－2　北京地铁 4 号线投资结构

（一）前期准备阶段（2003 年 7～12 月）

2003 年底，北京市政府转发北京市发展改革委《关于本市深化城市基础设施投融资体制改革的实施意见》，明确了轨道交通可以按照政府与社会投资 7∶3 的基础比例，吸收社会投资者参与建设。

2003 年 11 月，北京市基础设施投资有限公司作为北京市基础设施投融资平台正式成立。成立之后便着手制定了 4 号线市场化运作的初步方案，并开始与香港铁路有限公司等多家战略投资者进行接触，项目前期工作全面展开。

在此阶段，形成了项目运作的初步框架，以后各阶段的工作均在此框架基础上拓展。

（二）方案研究和审批阶段（2004 年 1 ~ 9 月）

2004 年 2 月开始至 4 月，国际客流预测机构 MVA 公司对 4 号线的客流与收入进行预测，提出专业意见和报告；聘请技术顾问评估 4 号线的建设和技术方案。

2004 年 4 月，市政府相关部门对于项目采用单线招商方案还是 4 号线、5 号线、9 号线、10 号线捆绑招商方案尚存在不同意见，对采取招标形式还是竞争性谈判的方式确定投资人亦无定论，因此奥运经济市场推介会和第八届京港洽谈会成了确定招商方案的试金石。

2004 年 4 月和 6 月，北京市发展改革委分别组织召开了奥运经济市场推介会、北京地铁 4 号线、5 号线、9 号线、10 号线国际融资研讨会等一系列大型招商推介会，面向国内外投资者对以 4 号线为重点的北京地铁项目进行了广泛深入的招商活动。

2004 年 9 月形成《北京地铁 4 号线特许经营实施方案》，北京市发改委组织相关行业专家对方案进行了评审并上报市政府。11 月，北京市政府批准了特许经营实施方案，4 号线特许经营项目取得实质性进展。

通过研究和沟通，各方就项目主要原则和框架形成了初步的一致意见，形成了特许经营方案，并完成了《北京地铁 4 号线特许经营协议》等法律文件的编制和初步沟通工作。

（三）竞争性谈判阶段（2004 年 10 月～2005 年 2 月）

2004 年 11 月底，北京市交通委牵头成立 4 号线特许经营项目政府谈判工作组，与香港地铁有限公司－北京首创集团有限公司（以下简称“港铁－首创联合体”）、西门子公司交通技术集团－中国铁道建筑总公司－北京市地铁运营有限公司（以下简称“西门子－中铁建联合体”）等社会投资者的竞争性谈判正式开始。

2005 年 2 月初，政府谈判工作组与优先谈判对象“港铁－首创联合体”就《北京地铁 4 号线特许经营协议》等项目条件达成了一致意见。

（四）协议签署阶段（2005 年 2 月 ~ 2006 年 4 月）

2005 年 2 月 7 日，北京市交通委代表市政府与港铁 - 首创联合体草签了《北京地铁 4 号线特许经营协议》。

2005 年 9 月，国家发改委核准批复了北京地铁 4 号线 PPP 融资项目。

2006 年 1 月，北京京港地铁有限公司注册成立，注册资本 13.8 亿元人民币，由北京市基础设施投资有限公司出资 2%，北京首都创业集团有限公司和香港铁路有限公司各出资 49% 组建。

2006 年 4 月，北京市交通委与北京京港地铁有限公司正式签署了《北京地铁 4 号线特许经营协议》。

三、案例启示

从评估结果来看，地铁 4 号线的 PPP 模式在成本、效率、服务等方面取得的效果是非常显著的。从项目运作和实施结果来看，有以下几点启示：

（一）做好前期研究

建设项目投融资是一项综合的系统性工程，需要多方面的知识储备，例如，金融、财务和法律等。该项目在没有成熟经验可以借鉴的背景下，组建于项目所需的顾问团队，如法律顾问、技术顾问、财务顾问、融资顾问、客流调查顾问等专家团队。在前期准备阶段，该顾问团队广泛分析国内外融资案例，前期研究一年有余，然后才形成了建设项目实施方案，并在各方共同努力和协作之下，进行规范运作与实施，保证了项目的整体运作取得成功。

（二）缓解资金压力

筹集建设资金是制约建设项目发展的首要障碍，特别是对于地铁这类基础建设，这种项目的营利性较低，通过 PPP 融资模式可以减少政府投入，缓解资金压力。根据测算，京港地铁公司负责地铁 4 号线约 30% 的投资，引进了建设资金近 50 亿元，这就意味着政府的投入大大节省。同时，在运营期内，京港地铁公司还要负责线路、设备设施的所有维修维护和更新改造工作，预计需投入的资金接近 100 亿元。北京地铁 4 号线 PPP 融资项目成为 PPP 融资模式的一个样本，体现在项目研究内容、项目结构和核心问题、股权结构、客流风险分担、结算票价体系、建设和运营服务标准等具体操作层面创新的设计。[①]

① 中国财政学会公私合作（PPP）研究专业委员会课题组，贾康，孙洁．北京地铁四号线 PPP 项目案例分析［J］．经济研究参考，2014（13）：56－61.

（三）转化政府职能

为了提高地铁行业的建设效率和运营服务水平，地铁 4 号线通过引入有实力和经验的国际投资人，引进了国际先进的地铁建设、管理理念和现代化经营理念。这种 PPP 融资模式，给北京市地铁行业带来了鲶鱼效应，激活了地铁原有的体制，达到了改革的目的。该项目签署了相关法律文件，这样可以明确政府、投资者和特许公司各个参与方在地铁 4 号线建设项目中投资、建设、运营中的诸多权利和义务。这种明确的划分，有效实现了政企分开，优化了政府职能。

第三节

广州西朗污水处理厂项目

一、项目概况

广州西朗污水处理厂位于广州市芳村区南部，是广州市政府为保护珠江，控制及减少对珠江的污染而鼓励兴建的 4 个污水处理厂之一，是广东省重点市政基础设施建设项目。西朗项目于 1998 年启动，2003 年建成，2007 年宣布全面启用，总占地面积 311908 平方米，总规模日处理污水量 40 万立方米。西朗项目总投资额约为人民币 10 亿元，其中项目注册资本为人民币 3.33 亿元。到 2008 年底实现连续三年全达标排放。自 2000 年以来，西朗项目连续几年被列为广东省、广州市的重点建设项目，一直得到政府各有关部门和领导的高度重视和大力支持。①

根据广州西朗污水处理系统工程项目的协议，中外双方的合作期限为 23 年，6 年建设期，美国地球工程公司拥有对广州西朗污水处理厂为期 17 年的经营管理权。合作期满后，全部资产将无偿转移给中方所有。为了保证广州市政府的利益，合同中明确规定，广州西朗污水处理有限公司在 17 年内将主要设备更新一遍，以保证交付后污水处理设施能更持久的运营。

二、项目运作要点

（一）项目公司成立

项目发起人：广州市政府。

---

① 郑大彬．广州西朗污水处理厂特许经营管理研究［D］．哈尔滨工业大学，2009.

项目经营者：成立广州西朗污水处理有限公司，主要负责西朗项目的筹建、建设、运行和管理，公司成立于 1998 年 3 月，是由广州市污水治理有限责任公司与泰科亚洲投资有限公司共同组建的中外合作公司。广州市污水治理有限责任公司为广州市政园林局的下属单位，外方泰科亚洲投资有限公司则是美国泰科集团的全资附属子公司。在美国泰科集团的业务平台里，美国地球工程公司是从事水处理、环境工程等行业的子公司。通过泰科亚洲投资有限公司，美国地球工程公司拥有上述合资公司 67% 的股权，广州市污水治理有限责任公司则拥有剩下的 33% 股权（见图 4－3）。

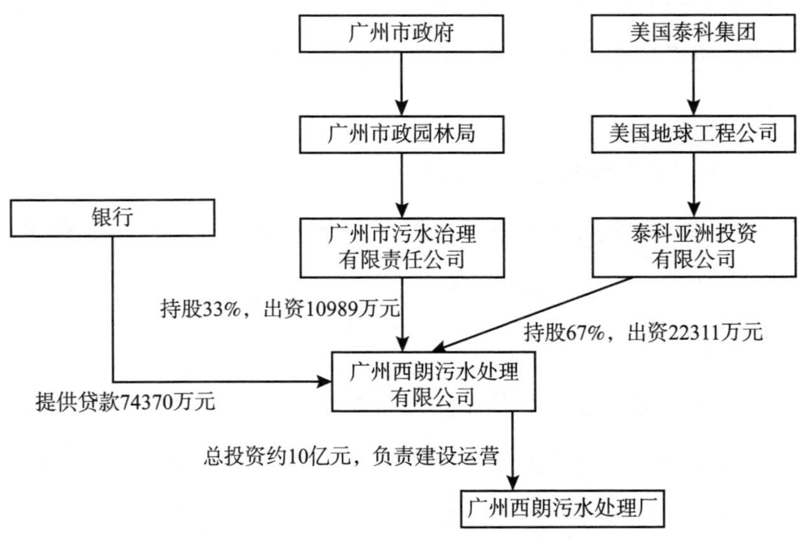

图 4－3　广州西朗污水处理厂项目投资结构

（二）项目融资

项目资金筹措及融资方式：按照总投资 67% 的出资比例计算，美国地球工程公司一方应该支付的款项为 8700 万美元左右，但丰富的融资经验和畅通的融资渠道让美国地球工程公司仅投入 30% 的资金就起到了 100% 的效果。西朗项目自有资金为 33300 万元人民币。按照合作公司的出资比例，其中广州市污水处理有限公司出资 10989 万元，占自有资金的 33%。美国地球工程公司则利用泰科亚洲投资有限公司这一融资渠道从母公司融资了 2600 万美元，约合人民币 22311 万元，占自有资金的 67%。项目总投资具体投资剩下的其余 67% 资金——约 66700 万元人民币的建设资金则以项目抵押贷款的方式获得解决。

（三）项目特许专营权确定

广州市与西朗合作公司根据国家相关法律、法规，本着平等互惠的原则，在 1999 年 5 月签订了项目的特许专营性质的服务合同。服务合同规定，广州市向合作公司提供污水，西朗项目合作公司向市方提供符合合同规定或环保部门规定的出水水质标准的污水处理服务，广州市接受经处理过的污水并向合作公司支付服务费。由于商业性的污水处理服务是我国新兴的一门环保行业，而广州西朗污水处理项目又是全国第一个商业性的污水处理项目，不仅无参考的市场价格，而且正常的社会成本无法确定，因此，合作公司与广州市根据项目的建设和经营成本、合理的利润等因素，有理、有据地确定服务费价格，以使合作公司在正常的营运情况下，能通过收取服务费来收回项目的成本并获得合理的利润。合同期从 2001 年到 2021 年，前 3 年为建设期，后 17 年为商业运行期。

（四）项目建设

西朗项目建设采用 EPC 合同的形式进行。由国际邀请招标中标的 EPC 承包商以交钥匙的项目总承包方式对广州西朗污水处理厂、截污干管及泵站系统进行设计、采购和建设，以确保该项目以约定的总承包价并在规定的期限内完成，确保向业主交付符合 EPC 合同规定的基本处理量的处理能力并达到规定的出水水质标准的项目。

（五）项目运营

由业主将西朗污水处理厂和输送污水入厂的 42 千米截污干管及 4 个外围污水提升泵站全部交承包方以运营总承包方式进行运行、维修养护和管理，确保污水量达到营运合同约定的数额和出水水质完全符合合同或环保部门规定的出水水质要求，以使项目业主得以完全履行与市方签署的污水处理服务合同中规定的业主的责任和义务并取得预期的经济收益。业主将根据约定向承包方每月结算支付上一个月的费用。

（六）项目移交

在 17 年商业运行期满以后，合作公司所有资产将无偿移交给市方或其代表，包括西朗项目运行过程积累下来的专有技术、保密资料、设计资料、财务资料和发明的使用权等。向广州市移交的西朗项目资产不应存在任何抵押、担保、留置等障碍或负担。在移交发生前两年，中外双方将讨论公司资产移交程序；在移交前六个月，双方将对资产清单和移交方法进行友好协商。所有需移交资产均需处于良好的运行状态，并不得成为广州市继续经营该项目的负担。移交中发生的所有支出费用将由广州市承担，包括律师费、税费、关税和对外方依服务合同作资产移交而发生的费用进行补偿。中方将负责获得政府及其他批文、许可证、注册及备案，及进行移交所必需的一切其他事项。

三、案例启示

（一）国际公开招投标

地方政府在建设项目 PPP 融资模式开始阶段参照国际惯

例，聘请高水平的咨询公司和财务、法律顾问。通过国际公开招投标，可以为实施的大型基础项目找到一批国外实力比较强大的银行或跨国集团作为潜在融资机构。西朗项目在项目决策开始政府方就聘请广州市国际工程咨询公司作为顾问公司，这为西朗项目中外双方的顺利谈判奠定了基础。西朗项目的合作外方其母公司是位列世界 500 强前列的美国泰科集团。由于本次是国际公开招投标，地方政府在 BOT 融资活动中始终处于主动地位。建设项目竞争者大多为知名跨国公司，由于竞争激烈，必然使各个竞争者降低条件和要价，这样在招标环节可以降低产品价格，不仅可以减轻政府的财政负担，同时可以使最终用户受益。

（二）详细完整的特许经营合同

在建设项目 PPP 融资模式中，所有工作都是围绕特许经营合同开展的。特许经营合同是 PPP 项目的核心，它对投资者和政府双方的权利义务责任做出了详细的规定，双方都应该严格按照合同规定的内容，履行各自的责任和义务。

历时数年，同时经过各专业小组无数次谈判，西朗项目的特许经营合同才被最后确定。它对合同中的专有名词的解释非常准确到位，避免了因概念模糊不清造成双方的误解。它对双方权利义务、水量计量、水质监测、服务费计算、合同变更、争议解决等内容都做了非常详细的阐述，指导了后续的一系列建设和运营工作。它的很多内容被建设部引入最新的特许经营合同样本中，作为范本。

（三）建设项目融资方式的创新性

通过公开招标方式选择融资银行，通过竞争性投标，项目公司可选择到实力雄厚、条件优惠、服务全面周到，并且对项目风险控制有丰富经验的银行。经过综合评标，中国工商银行广东省分行中标，与项目公司签订总额6.67亿元人民币的融资合同。融资包括中长期人民币贷款、中长期美元贷款、流动资金贷款，短期与长期结合，本币与外币配套，不但降低了财务费用，更最大限度地避免了外汇汇率风险（污水处理项目没有外汇收入）。①

（四）实施工程建设EPC总承包

由于绝大部分的城市污水PPP项目投资者不具备大型市政工程施工的能力，因此在PPP项目建设中实行工程建设EPC总承包，无疑是明智的选择。EPC合同规定由承包商负责全部设

① 现代集团投资银行部．广州西朗污水处理PPP项目开发案例分析［EB/OL］．政府和社会资本合作（PPP）研究中心网，2015.08.17.

计，并承担工程全部责任，故投资者不需要过多地干预承包商的工作。要求所完成的工程符合“合同中预期的工程之目的”就应认为承包商履行了合同中的义务。西朗项目的经验告诫我们，投资者在优选承包商时应突出对承包商过去业绩的审查，对投标书中技术文件的审查以及质量管理体系的审查。在前期还应特别注意对设计文件的审查工作，必须按照国家规定的初步设计和施工图审查程序，报送相关部门审核，并按照审核意见修改完善设计。这是确保工程质量的一项极其重要的措施。在建设过程中，投资者可按照西朗项目模式，聘请有经验的人员组成工程现场管理小组，对 EPC 总承包商施工现场的质量、安全、进度等方面进行监督和控制。同时按国家规定的建设程序，公开招标具备相当资质和经验的监理公司，对工程实行全程监理，确保最终能顺利完成工程，并交付使用。

（五）实施运营管理总承包

对于目前绝大多数的城市污水 PPP 投资者来说，将污水厂的运营分包给具有专业资质的运营分包商是一个分担风险的良好途径。污水厂的运营风险主要是指污水厂在日常运营过程中，由于某种内部原因，可能是工艺调控问题，也可能是设备运行问题等，造成处理后的出水不能达到规定的排放标准，而被环保部门处以罚款甚至停产。由于大多数投资者只是作为资金的拥有者，并无污水处理方面的专业知识，也缺乏污水厂运营管理的经验。这种情况下，投资者与其自己运营，承担运营的风险，不如将整个运营分包给专业的污水处理运营商。通过向社会招标，可以有效地降低运营成本，同时也节省自己的人力资源成本，另外还将运营的风险转嫁给了分包商。

第四节 青岛海湾大桥BOT融资招标项目

一、项目概述

山东高速集团投资建设经营的山东高速青岛海湾大桥是我国目前国有独资单一企业投资建设的最大规模的交通基础设施项目，是我国北方冰冻海域首座特大型桥梁集群工程。该项目算上引桥和连接线全长超过41.58千米，为世界第一跨海长桥。该桥为双向六车道高速公路兼城市快速路八车道，设计行车时速80千米/小时，桥梁宽度35米，设计基准期100年。

海湾大桥项目投资巨大，全部由政府投入将带来很大的财政压力。因此在临时工程开工伊始，青岛市政府就一直在寻求通过市场化的方式来解决政府投资的压力。经过将近一年的论证，2006 年 3 月 24 日市政府市长办公会要求，海湾大桥项目采取公开招标形式确定项目法人，由项目法人成立项目公司与政府签署特许经营协议，以“建设－运营－移交”（BOT）的方式运作青岛海湾大桥项目。特许期满，项目公司的资产按合同约定无偿移交给青岛市政府或其指定的机构。①

二、项目运作要点

（一）准备阶段

BOT 项目合同关系复杂、涉及部门多、经营时间长，青岛市此前仅运作过几个小规模的基础设施特许经营项目，与青岛海湾大桥 BOT 项目的社会影响和重要程度不可同日而语。为科学规范地运作好青岛海湾大桥项目，青岛市政府决定依托专业中介机构的力量，积极寻求具备丰富项目经验和实力的中介机构，并主动联系到业内负有盛名的北京大岳咨询公司，聘请其担任本项目的财务顾问。政府还同时聘请了商务、法律顾问等多个专业团队。

在专业团队的支持下，项目成立了专门的工作小组，对运

① 宋珍珍．青岛海湾大桥 BOT 融资招标项目［DB/OL］. http：//www. china-cem. com. cn/glal/topic/184760. html，2015. 03. 19.

作中涉及的招标方式、范围、程序、项目结构、项目商业条件等主要问题进行细致深入的研究并给出解决方案，据此制订了《青岛海湾大桥项目法人招标总体运作方案》，作为招商运作的指导性文件。

（二）招投标阶段

2006 年 5 月之前，工作小组完成了交通流量分析以及项目的财务建模和分析工作，据此确定了“捆绑经营”的招商策略，以吸引社会投资人参与招商项目。所谓“捆绑经营”，即为了保证项目的财务可行性，中标人组建的项目公司除了取得海湾大桥的建设经营权外，还将取得胶州湾高速公路的交通经营权，并拥有广告经营权和用海用地范围内旅游开发经营权。

全球公开招标发布后，工作小组根据政府批复的总体运作方案编制了招标文件。招标文件分为四卷，包括投标人须知、特许经营权协议、胶州湾高速公路租赁经营协议以及部分工程基础资料。经过评标，山东省高速公路集团有限公司（以下称“山东高速”）中标本项目。2006 年 9 月 28 日，青岛市交通委员会和山东省高速公路集团有限公司草签项目协议。2006 年 10 月 30 日，山东高速在青岛注册设立了全资子公司——山东高速集团青岛公路有限公司作为青岛海湾大桥 BOT 项目的项目公司。此后，项目公司完成融资文件提交、确定技术方案、招标选定承包商等工作，达到签订正式协议的条件。

2006 年 12 月 26 日，山东高速集团青岛公路有限公司与青岛市交通委员会正式签署《青岛海湾大桥特许经营权协议》《胶州湾高速租赁经营协议》及谅解备忘录，标志着青岛海湾大桥项目招商阶段的工作圆满完成。

（三）项目融资

青岛海湾大桥项目预算投资金额 98 亿元，项目公司计划通过股东注入资本和银团贷款两个渠道进行融资，预定的资本金比例超过项目总投资的 30%。

除项目资本金外，项目公司计划利用银行贷款 60 多亿元筹集项目建设资金。2006 年 12 月底，《青岛海湾大桥特许经营权协议》正式签署之后，在公司股东支持下，项目公司与多家金融机构密切配合，积极落实银行对海湾大桥项目的授信审批工作。最终确定了由中国工商银行、中国建设银行等 17 家银行参与的银团贷款方案，各家银行为海湾大桥项目办理了综合授信，累计授信额度达到 260 亿元，超额认购率达到 400%，确保了项目融资的最终落实。

2007 年 9 月 30 日，项目公司与以中国工商银行青岛市分行为牵头行的 9 家成员行组成的银团签署了《青岛海湾大桥工程项目银团贷款合同》，银团贷款总额度为 65 亿元。这是青岛市有史以来组建的贷款金额最大、参与银行最多、社会影响最广、银行综合授信最高的一个银团项目。银团贷款协议的签署标志着青岛海湾大桥项目的建设资金已足额到位，能够全面满足青岛海湾大桥建设资金需求。在项目建设过程中，为降低项目的融资成本，项目公司还发行了15亿元债券用于海湾大桥建设。

三、案例启示

（一）协议文本规范

青岛海湾大桥项目采用签署特许经营协议的方式向投资人授予特许经营权，对海湾大桥投资、建设、运营和移交等主要内容都进行了明确约定。此前国内不少路桥招商项目对协议文本不够重视，按照一般招商类项目的惯例与投资人签署投资框架协议，而对特许权、特许期、协议终止、补偿、抵押、转让等项目细节均没有做出详细规定，导致协议双方在执行过程中陷入推诿扯皮的状态，很多项目进展并不顺利。而本项目在项目协议编制过程中，项目的咨询顾问与业主单位一起，对招标文件的内容进行了深入的讨论，特许经营协议几经修改，合同文本的编制遵循国际惯例，参考国内外类似项目的经验并充分考虑到资本市场的要求和政府利益，对项目风险进行了恰当的分配，形成了公平合理的协议文件。由于政府方和投资人所面对的都是自己熟悉或可以控制的风险，既充分保护了政府的利益，也大大增强了投标人的信心，这可以说是青岛海湾大桥项目招商成功的基石。在随后合同执行过程中，双方各司其职，未出现实质性分歧，海湾大桥项目得以顺利实现融资和建设完工，说明特许经营协议是经得起实践检验的。

（二）引入竞争充分

在特许经营项目招商运作中，选择有实力的、有经验的战略投资人非常关键。青岛海湾大桥项目投资额巨大，工程难度高，有实力参与特许经营投标的投资人比较少，即使采用“一对一”谈判方式来选择投资人也无可厚非。但在实际运作中，青岛市政府采用了公开招标的方式，竞争的压力促使投资人降低了对投资回报的要求，确保项目进一步降低政府的财政负担。2011 年 5 月 25 ~ 31 日，青岛市物价局向社会公开征求《青岛海湾大桥、青岛胶州湾海底隧道车辆通行收费标准定价初步方案》意见后，引起社会各界广泛关注，物价局对收到的意见和建议进行了分类汇总，并会同有关单位认真研究吸收社会各界提出的意见建议，最终确定海湾大桥七座以下汽车每车 50 元/次，走海底隧道每车 30 元/次，比同类项目杭州湾的收费水平每车 80 元/次低很多。政府为确保招商成功，除将环胶州湾高速公路捆绑入本项目进行招商，还将大桥陆域附近部分宗地列为可选的招商条件以平衡投资收益，经过竞争，中标人放弃对相关土地的要求，政府的利益得到保障。

（三）聘请咨询顾问专业运作

青岛市政府遵循市场规律，决定聘请专业的咨询机构，为政府提供从项目结构设计到正式签约的全过程咨询服务。政府聘请大岳咨询有限公司为项目提供咨询服务，聘请北京中咨律师事务所和青岛文康律师事务所为法律顾问。专业机构弥补了项目政府招商人员在经验和专业知识上的不足，充分发挥其在项目结构设计、招投标方案设计、财务模型分析、协议商务条款设计等方面的经验优势，协助政府设计出更加严谨和符合国际惯例的文件，获得政府和境内外投资人的认可。

第五节 国家体育场项目

一、项目概况

国家体育场工程总面积21万平方米，建筑面积25.8万平方米，项目总投资额 313900 万元。2008 年北京奥运会期间，国家体育场承担开幕式、闭幕式、田径比赛和足球比赛等重要赛事，奥运会后可举办特殊重大赛事、各类常规赛事以及文艺演出和商业展示会等非竞赛项目。因用途多样，有非常好的盈利预期，为采用 PPP 模式创造了条件。中信集团出资 65%，北京城建集团出资 30%，美国金州公司出资 5%，组成中国中信集团联合体。2003 年 8 月 9 日，中国中信集团联合体分别与北京市人民政府、北京奥组委签署《特许权协议》《国家体育场协议》，与北京国有资产经营管理有限公司签署《合作经营合同》共同组建项目公司——国家体育场有限责任公司，负责国家体育馆的融资、建设工作。项目竣工后，由北京中信联合体体育场运营有限公司在 30 年特许经营期内负责管理。①

国家体育场有限责任公司负责赛会运营、维护工作，待运营期满将国家体育场移交给北京国有资产经营管理有限公司。北京市政府根据特许权协议的相关要求，提供了许多优惠政策和资金支持。项目用地土地一级开发费用仅为 1040 元/平方米，而相邻地段商业用地地价高达 10000 元/平方米，项目土地价格非常低廉。北京国有资产经营管理有限公司出资 18.154

① 孟千．国家体育场 PPP 模式运作实践分析［J］．招标采购管理，2017（5）：46－48.

亿元参与项目，且对该笔资金不要求回报。为方便体育场的建设和运营，北京市政府提供施工场地附近区域的必要的配套基础设施，以及其他方便体育场建设和运营的帮助。在奥运会测试赛和正式比赛期间，北京奥组委向北京中信联合体体育场运营有限公司支付场地费用，而专用于奥运会开闭幕式但赛后不再使用的特殊装置的所有费用，由北京市政府承担。在特许经营期内，限制北京市市区北部区域新建体育馆或扩建已有体育馆，如确有需要新建体育馆，北京市将与北京中信联合体体育场运营有限公司协商，并按特许权协议对其进行补偿（见图 4－4）。

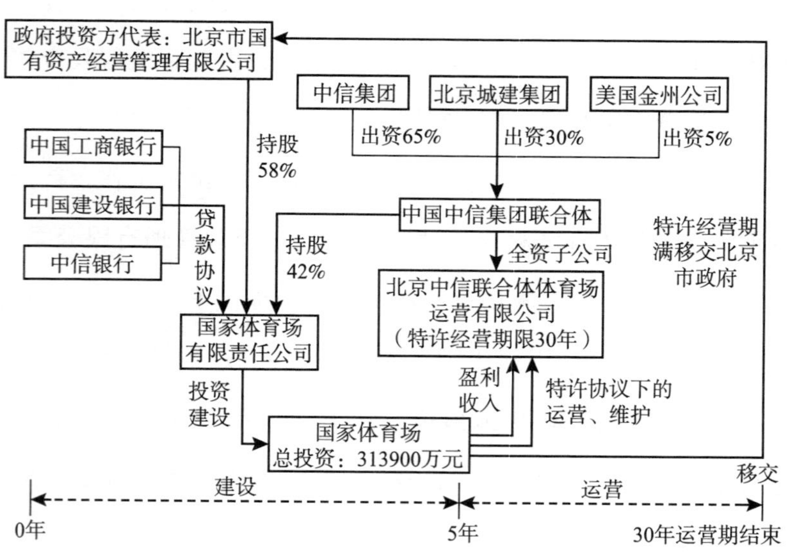

图 4－4　国家体育场项目投资结构

但到 2009 年 8 月 29 日，北京市政府与中国中信集团联合体又签订了《关于进一步加强国家体育场运营维护管理协议》，标志着中国中信集团联合体放弃了长达 30 年的对国家体育场的特许经营权。

二、项目运作要点

（一）项目设计的变更

国家体育场于 2003 年 12 月 24 日正式施工，2008 年 6 月 28 日正式竣工，共计 1647 天。期间 2004 年 7 ~ 12 月处于停工状态。在停工的 5 个月时间里，国家体育场的项目设计方案发生了重大的变更。在初始设计方案中，体育场配备有独特的可闭合式顶盖。在阴雨天气条件下，体育馆上方的顶盖可以实现闭合，成为封闭式体育场，进而可以实现全天候使用。但初始设计取消后产生了一系列不良影响，导致股东间利益冲突。可闭合式顶盖设计的取消导致整体施工计划和施工进度被打乱，负责施工建设的北京城建集团因此承受了巨大的经济损失。北京城建集团认为项目设计方案的变更并不是施工方单方面造成的，因此设计变更带来的经济损失不应由其一方承担，应由项目公司的各方按出资比例分摊，而作为项目公司的其他各方均以其不负责建设施工为由拒绝分担该项损失。硬件条件的重大变化给长期运营带来不利影响。另外，可闭合顶盖设计的取消导致项目与预想的体育场规模有很大的出入。首先，国家体育场的可使用运营面积发生了非常大的变化。按照之前的设计方案，体育场的运营面积可达12万平方米，而设计变更之后只有6.6万平方米，给体育场的运营带来了不便，减少了收益。其次，体育场无法实现全天候使用，阴雨天气场馆无法开放使用，不仅不能进行体育赛事，许多商业演出也无法开展，造成了利益的损失。

（二）政府和项目公司之间的利益冲突

国家体育场停车位初始设计的是2000个，而北京市政府出于奥林匹克体育公园的整体规划，将体育场的停车位缩减到了1000个，损害了国家体育场的交通便捷性，减少了体育场的潜在客流量。北京市政府要求减少和限制其中的商业营利性项目，影响了商业项目上的收入。北京市政府限制国家体育场内的商铺数量，同时在国家体育场的周围也禁止兴建新的大型商业设施。

（三）政府的部分协议未兑现

北京市政府曾与项目公司签订了一份兜底协议，该协议规定：北京市发展与改革委员会将会协调各个部门以帮助项目公司获得利润。这一模糊的协议带来了很大的问题——究竟怎样协调各个部门？怎么获得利润？获得多少利润？都没有详细地规定说明，导致项目运营后该条款无法履行兑现。

三、案例启示

（一）PPP 模式的选择

国家体育场选用的是 BOT 模式。该模式下，项目公司与设计联合体属于一次性交易关系，所以建设项目公司在进行项目设计变更及项目的优化时，遇到了阻碍和索赔。

（二）均衡建设成本与未来收益

在国家体育场建设项目中，可闭合顶盖设计的取消造成了一系列建设项目后期的不良影响。该项措施节约了 6 亿元资金，减少了 3400 吨钢材的使用，确实显著降低了国家体育场的建设成本，但却忽略了这项措施对体育场竣工后运营将会产生的影响，造成体育场的盈利能力降低。这一变动，导致建设项目公司不能长久运营。项目建设过程中降低成本与未来收益不能达到均衡，成本降低了，但是未来收益损失了，则 PPP 融资模式失败的概率是很高的。

（三）权衡社会效益与经济效益之间

建设项目 PPP 融资模式不仅涉及政府和社会资本的经济效益，而且涉及政府和人民群众的社会福利、社会效益。在实际操作过程中，需要保障社会资本能长期维持合理的利润区间，同时避免社会资本利润超出合理区间，同时不允许公共服务定价过高，否则将会引起社会大众的不满。因此，在设计融资方式时，要确保 PPP 模式的应用能提高并且平衡项目的经济效益和社会效益。由于在国家体育场建设项目中政府的主导地位，同时该项目建设的主要目是用于奥运会主场馆，所以该项目是偏重社会效益。由于对体育场内及周围商业性设施的限制，体育场仅能依靠举办活动和销售门票等方式作为收入来源。

（四）做好共担风险

在处理政府和社会资本之间的关系时，必须重视政府和社会资本的合作，该模式是在平等协商、依法合规的前提下展开的。PPP 融资模式是通过社会资本的活力推动公共服务事业的发展，实质是将市场机制引入公共服务领域。PPP 项目需遵循“利益共享、风险共担”的原则，即在具体的建设、运营等环节，政府和社会资本之间的合作需按照市场规律办事，明确政府和社会资本方享有的权利、肩负的责任和义务，通过合同条款约束双方的行为。

（五）做好简政放权

在 PPP 融资模式下，政府尽量减少对项目公司的直接干预，这样可以将灵活性和可能空间提供给社会资本。应积极探索这种社会资本的合作模式如何才能够得到持久性实施。政府应积极进行简政放权，积极给予社会资本以主动性和积极性，积极优化配置并整合社会资源和公信力方面的整体优势，积极引导社会资本能够得到健康有序的发展。同时对于该类体育场馆的建设，国家应该提供一定的政策性补贴，从而拓宽 PPP 融资模式的渠道。

（六）做好物有所值评价

PPP 融资模式的主要优势就是不仅可以撬动社会资本优势而且能够较好地解决融资问题。同时在运作过程中，一定要关注 PPP 融资模式的长期运营的风险分担和效益分配问题。在项目实施之前，一定要考虑各个参与方的运营成本和收益问题，积极保证做好物有所值评价，通过这些工作，促使建设项目可以健康运行。

第六节

杭州湾大桥项目

一、项目概况

杭州湾跨海大桥是国家重点基础设施建设项目，北起浙江嘉兴海盐郑家隶，南至宁波慈溪水路湾。大桥建设投资额预算达到118亿元。政府出面，通过洽谈方式确定合作投资企业及投资份额，投资方通过合作协议约定出资比例，共同组建宁波杭州湾大桥投资开发有限公司，公司的注册资本为41.8亿元，宁波和嘉兴各自所出比例为9:1，相应成立两个子公司。据相关资料，在宁波杭州湾大桥投资开发有限公司的资本金中，由17家民营企业组成的民间资本其约定出资的比例占总股本的50.25%。宁波市专门成立大桥工程指挥部，负责大桥建设指挥协调工作，直接对宁波杭州湾大桥投资开发有限公司董事会与监事会负责。大桥指挥部总指挥长由宁波市市长助理兼任，全面负责工程项目实施的招投标和剩余资金的筹集，并对大桥的建设和运营进行综合管理及协调。

二、项目运作要点

（一）项目特色

杭州湾跨海大桥是国内第一家以地方民营企业为主体，投资超百亿的国家特大型交通基础设施项目。可以说，杭州湾跨海大桥项目的投资体制和建设模式，对拓宽民营资本的投资领域，建立民营资本与国有资本有机结合的投资模式，取得政府和企业“双赢”的经营机制做出了积极、有益的探索。

（二）建设投资

杭州湾跨海大桥主要投资来自浙江省地方政府和浙江民营企业，没有依靠国家投资，展现了浙江省的实力，也成为浙江省的地标。大桥总投资预计超过 161 亿元人民币。其中大桥部分长 36 千米，耗资 118 亿元；北岸连接线部分长 29. 1 千米，投资 17 亿元；南岸连接线部分长 55. 3 千米，投资 34 亿元。来自民间的资本占了总资本的一半，包括雅戈尔、方太厨具、海通集团等民营企业都参与了对杭州湾跨海大桥项目的投资。大桥收费年限为 30 年，收费标准为 80 元/辆。

（三）运作程序

杭州湾跨海大桥项目的运作程序可以简单概括为由政府出面，通过私下洽谈的方式确定合作投资企业及投资份额，然后由投资方共同组建宁波杭州湾大桥投资开发有限公司，授权由其直接控制的大桥指挥部全面负责工程项目实施的招投标及剩余资金的筹集，并对大桥的建设和运营进行综合管理及协调。

（四）项目完工

2008 年杭州湾跨海大桥通车前夕，经浙江省委省政府同意，宁波市委市政府批准，正式挂牌成立杭州湾跨海大桥管理局。杭州湾跨海大桥管理局是宁波市政府直属的相当于行政正局级的事业单位。在 2010 年大桥竣工验收之前，继续保留大桥指挥部牌子，承担有关职责，2010 年全面竣工后由杭州湾跨海大桥管理局正式负责大桥的运营和管理。

在杭州湾跨海大桥开工建设未满两年时，相隔仅 50 千米左右的绍兴杭州湾大桥就已准备开工，与杭州湾跨海大桥形成了直接的商业竞争。2013 年通车的嘉绍大桥对杭州湾大桥来说更是“雪上加霜”，同样是小车的通行费，嘉绍大桥比杭州湾跨海大桥便宜。2014 年，钱江通道也已通车，通行费比杭州湾跨海大桥便宜许多。

从 2003 年发表的《杭州湾跨海大桥工程可行性研究》来看，当时预测 2010 年杭州湾跨海大桥的车流量有望达到 1867 万辆，但是，实际上 2010 年的车流量只有 1112 万辆，比预期少了 30%以上。2012 年，杭州湾跨海大桥的实际车流量达到了 1252. 44 万辆，仍然不及预计的 1415. 2 万辆。严重的预期收益误判导致民营企业决策错误，民营企业出现的资金缺口达 8. 5 亿元，而作为唯一收入来源的大桥通行费收入全年仅为 6. 43 亿元，按照 30 年收费期限，可能无法回收本金。

三、案例启示

（一）BOT 融资模式实施

本案例主要应用 PPP 模式中的 BOT 融资模式。首先，通过 BOT 方式可以拓展市场，接触以前无法涉足的基础设施或公共项目，拓展过去无法占领的能源、交通等市场。其次，可取得与 BOT 项目相关的其他项目的开发权和经营权，如开发经营高速公路、地铁沿线规定区域内的饮食、车辆维护等业务。最后，民间资本已经成为经济建设中的一股重要力量。民营企业已成长壮大，在发展规模、经营效果、拥有资金量等方面都已达到了相当的水平，完全有能力承担 BOT 项目。因此，可以让一些民营企业单独或联合起来参与基础设施项目的开发。当地民间资本参与BOT具有比较优势。相对于外资经济而言，民营企业不必考虑汇率风险和政治风险，也不涉及对国家主权影响的问题；熟悉本国国情、法律，在项目的确定、经营期限、产品和服务价格等具体问题上能较快地与政府达成共识，建立良好的合作关系。民间资本大规模进入大型基础设施领域，不仅解决了建设资金的来源问题，更重要的是在很大程度上促进了大型基础设施建设中市场机制的形成和完善，提高了投资效率。[①]

（二）PPP融资模式风险及其规避

杭州湾跨海大桥开工未满两年，相隔仅仅50千米左右的绍兴杭州湾大桥已经开始项目准备。PPP项目中，政府为了吸引私营部门投资，往往会向私营部门承诺在一定时限内保证该项目的垄断经营，即项目唯一性。而绍兴杭州湾大桥显然对杭州湾跨海大桥有竞争作用，危害到了其项目唯一性，使得该项目承担了项目唯一性风险。而杭州湾跨海大桥随着项目唯一性风险而来的便是市场收益不足的风险，因为垄断经营被打破，杭州湾跨海大桥的客流量显然要低于预期，这就导致了其市场收益不足的结果。

① 黄丽莎，张玲．BOT融资模式在浙江的具体应用及可行性探讨——以杭州湾大桥为实例［J］．现代商贸工业，2009，21（9）：83－85.

杭州湾跨海大桥工程规模宏大，备受世人瞩目。建设之初，宁波市委市政府明确提出大桥工程要按照一流标准来实施。面对复杂的建设环境，充满挑战的工程，组织和管理好大桥工程是摆在指挥部面前的巨大挑战。对工程项目的管理提出了更高的要求，增加了项目的管理风险。

政府应当加强对 PPP 的认识，完善与 PPP 有关的法律法规，为公私合作模式创造良好的融资环境和稳定的政治环境。此外，政府与私营合作方签订公私合作合同时，应注意合同和政府规划的一致性，这样既能保证私营合作方的利益，又能让基础设施更好地惠民；同时公共部门和民营机构在合作前都要对市场做详细的调查，加深对市场的了解，做好市场预测工作，以减少项目的市场风险。①

① 任倩．基础设施 PPP 项目的风险因素分析——杭州湾跨海大桥项目实践［J］．江西建材，2016（6）：194－195.

第五章

国外建设项目 PPP 融资模式的应用和启示

第一节

国外建设项目 PPP 融资模式概述

作为动员社会资源支持国家长期发展战略的一种手段，私营部门参与提供公共产品有着相当长的历史。20 世纪 90 年代以来，政府和社会资本合作为世界许多国家所青睐，全球 PPP 项目的总规模不断跃升，应用范围已经遍布公共管理的诸多领域。特别是近年来，为促进各层级的政府部门更多、更好地应用 PPP，发达国家纷纷成立国家级的 PPP 专业管理与推广机构，既是应对全球经济复苏疲软的实质性措施，也有效提升了本国经济与社会基础设施水平，从而将 PPP 在全球的发展推入具有系统化组织保障的新阶段。

PPP 模式的应用在全球诸多国家得到普及，根据 PPP 市场成熟度由高到低来划分，开展应用 PPP 模式的国家可抽象地概括为三类：

（1）英国、澳大利亚，其公私合作的复杂程度和活动程度最高。

（2）美国、日本、德国、荷兰、意大利、新西兰、爱尔兰、法国、加拿大等国家，其公私合作的复杂程度和活动程度较高，PPP 市场成熟度较高。

（3）中国、印度、俄罗斯、匈牙利、捷克、比利时、南非、丹麦、巴西等国家，其公私合作的复杂程度和活动程度较低，PPP 市场成熟度较低。

国外 PPP 融资模式发展历程，如图 5－1 所示。

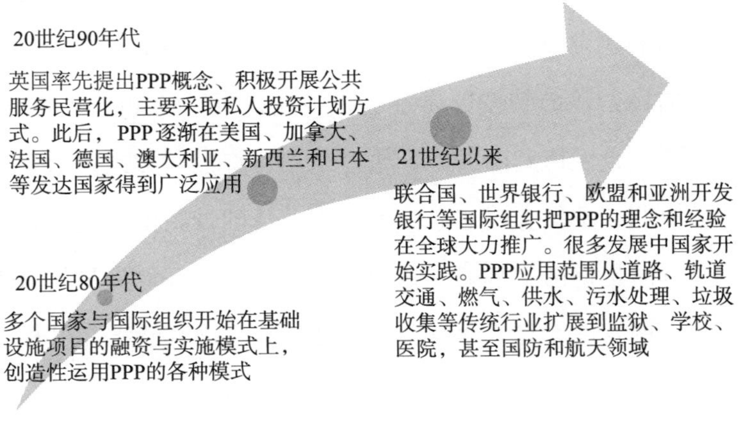

图 5－1　国外 PPP 融资模式发展历程

第二节

英国 PPP 融资模式的应用和启示

一、概况

PPP 概念最早由英国提出，英国是目前世界公认的最先进的 PPP 模式使用者，它不仅已经将 PPP 模式成功运用于公用事业、社区建设中，而且在医疗、监狱及地方政府部门相关事业的建设应用中同样取得了进展和成效。早在 19 世纪英国工程师查德威克便提出了可以采用特许经营的模式处理地方污水和卫生服务。1992 年，英国政府率先提出了 PPP 的概念，并为在基础设施的建设中使用 PPP 模式采取了一系列的措施。为实现国有化向民营化的转变，通过引入多元投资，如 BOT、PFI 等模式投资建设城市基础设施。通过采用特许经营方式，引入市场竞争机制，不仅有效地解决了在建设基础设施中资金不足的问题，同时也提高了基础设施的运营效率，更好地满足了城市经济社会的发展。有关资料显示，目前英国政府已将 PPP 模式广泛应用于教育、交通、医疗，甚至包括国防建设，从构成上来看：教育项目占 15%，交通项目占 25%，医疗项目占 20%，国防项目占 15%，其他项目占 25%。英国政府超过 75% 的管理者认为 PPP 模式下可以使工程、价格、质量达到预期的要求，并可以节省 17% 的资金。超过 80% 的工程项目能够按规定工期完工，其余 20% 未按期完成的，最长延期时间不超过 4 个月，而传统的招标的工程仅有 30% 能够按期完成。同时 80% 的工程投资均在预算投资内，其余 20% 超过预算范围的也是由于政府对工程方案的调整，而传统招标只有 25% 的工程能使工程投资控制在预算范围内。

二、英国 PFI 历史沿革

英国是全球 PPP 模式最成熟的国家之一，从 20 世纪 70 年代末撒切尔执政开始，就对电力、电信、自来水和煤气，进行了大规模的市场化改革，“私有化无禁区”，由政府财政负担的公园维护、垃圾清扫、校园伙食、精神病院都可以由私人提供。

英国 PPP 模式发展大致分为两个阶段：PFI 阶段和 PF2 阶段。1990 年，梅杰出任首相，提出 PFI，即英文“private finance initiative”缩写，该理念完善了 PPP 机构和制度，PPP 发展进入了新的阶段。梅杰大力推动 PPP 模式的背景如下：历史欠账太多，基础设施需要巨大的建设维修资金；双超现象普遍，项目时间超期和成本超预算；政府债务负担重，很难再提高政府公共开支预算。

在保守党上台执政后，英国政府为减少社会公众对PFI工程项目中上述问题的质疑，于2012年12月颁布了“PPP新路径”，简称PF2，PF2除充分利用PPP继续吸收私人融资的专长外，在公共机构股权、持续改进和实现物有所值等方面进行了很多改革，致力于消除浪费、改进效率，有效化解PFI模式中存在的股权融资、透明度、风险分配、债务融资、性价比等方面的问题。

2013年3月末至2014年3月末，累计完成PFI项目728个，其中671个处于运行阶段，项目资本支出合计566亿英镑。项目主要涉及学校、医院、公路、监狱、住房、废物废水处理设施等领域。项目运营期限整体较长，截至2014年3月末，英国运营期限在20~30年之间的项目合计占比为74.45%。[①]

三、英国PPP项目管理

从图5-2中可以看出，英国目前主管PPP的代表机构是财政部，并采用财政部与财政部专设任务小组共同负责和指导PPP模式的实施，专设任务小组是1997年在财政部下专为PFI的推广应用而设立的，旨在给政府机构和私营部门提供咨询和

---

① 孙欣华．英国PPP模式发展特点、主要监管措施及对我国的启示［J］．经济研究导刊，2015（20）：244-245.

指南。英国 PPP 管理机构的设置经历两个阶段：第一阶段，财政部于 1997 年设立一个 PPP 工作组，负责 PPP 相关工作；第二阶段（2010 年后），财政部正式成立一个部门——基础设施建设局，统一负责 PPP 管理工作。

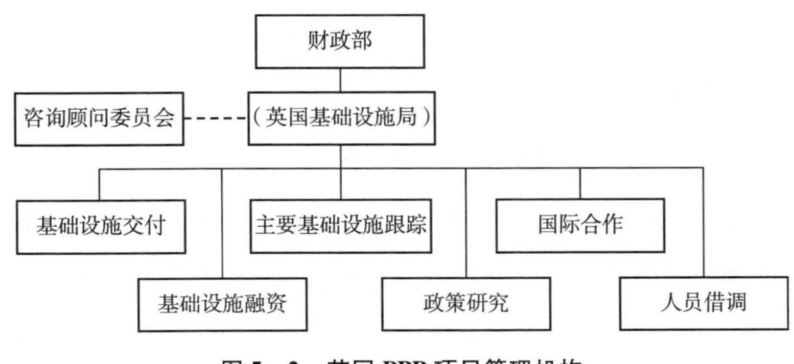

图 5－2　英国 PPP 项目管理机构

英国对 PPP 模式的推广已经形成了较为规范的体系，除了财政部，还有多家机构共同参与，包括伦敦国际服务局、国家审计办公室、公共委员会、地方项目监控组等。作为配套措施，英国政府建立了电力供应管制办公室、自来水服务管制办公室、国家江河管理局。同时，英国政府在电信、煤气、自来水、电力产业实行民营化期间所颁布的主要法规，对各产业的重要政府管制问题做了相关规定，以防止垄断经营的产生。

英国尽管没有出台针对 PPP 的专门法律，但却根据 PPP 发展的阶段特点不断制定和完善相关规范性政策文件。在 PFI 阶段，先后制定执行了《应对投资风险》（2003）、《强化长期伙伴关系》（2008）和《基础设施采购：实现长期价值》（2008）三个政策性文件。在 PF2 阶段，又制定了《PPP 的新方式》（2012）和《标准化 PF2 合同》（2002）。[①]

不同层面的 PPP 管理制度在功能和定位上存在差异，各有侧重。英国 PPP 金字塔形法律体系自上而下分为 4 层：相关通用法律、PPP 政策、PPP 指引及 PPP 合同。

英国设有专门的 PPP 立法，主要通过政府采购法、公共合同法等通用法律规范 PPP 行为。大陆法系国家和英美法系国家因不同的立法传统，在 PPP 法律体系上存在较大差异。在大陆法系国家，政府行为需要取得法律授权，法无授权不可为，因此，PPP 相关各方需要同时了解法律和合同。而在英美法系国家，原则上政府可以从事一切法律未禁止的活动，法无禁止即可为，因此没有也不需要专门的 PPP 立法，合同决定一切，PPP 项目的所有事项都在合同中明确。总体看，法律侧重界定 PPP 的整体概念，明确 PPP 参与方、公共部门是否可提供付费和融资支持以及争议解决方式。

---

① 闫海龙. 英国 PPP 模式发展经验借鉴及对我国的启示［J］. 商业经济研究，2016（12）：122－123.

英国 PPP 政策重在发挥宣言性作用，明确何时运用以及何时不运用私人融资。因此，PPP 政策重在明确商业计划方法、采购管理、合同管理、付费机制、适宜采用 PPP 模式的建设项目和公共服务类型、使用者付费和政府付费模型、税收政策、再融资政策、持股和股权转让、终止补偿、透明度和信息披露等内容。与此不同，上述部分内容在大陆法系国家是通过法律而非政策予以明确的。

英国 PPP 指引体系重在发挥解释性作用，就 PPP 政策和合同作进一步细化和阐述。例如，就项目方案而言，其内容包括 PPP 合同是中央政府还是地方政府签署，由中标人还是政府提供土地，采取公司融资还是项目融资。就项目回报机制而言，涉及项目现金流、可行性缺口补助机制、政府担保、或有负债等。

英国 PPP 合同体系重在发挥法律作用，在指引的基础上进一步细化 PPP 政策和特定领域事宜。例如，法律保护变更、协议条款、担保、赔偿、补偿、信息披露、保密责任、违约、项目特殊事项等。就合同规范而言，英国基础设施局（IUK）认为，比较好的做法是先发布合同指引，再逐步过渡到强制性的合同规范。

四、英法海底隧道 PPP 项目案例

英法海底隧道是横贯英法之间多佛海峡的海底铁路隧道，

西起英国的福克斯通，东到法国的加来，全长 50 千米，水下长度 38 千米，为世界最长的海底隧道，也是世界上规模最大的利用私人资本建造的工程项目。隧道于 1994 年 5 月 7 日正式通车，历时 8 年多，耗资约 100 亿英镑（约 150 亿美元），英法海底隧道 PPP 项目运行要点详见表 5 – 1。

表 5 – 1　英法海底隧道 PPP 项目运行要点

时间	建设内容
1981 年 9 月 11 日	英法两国举行首脑会晤，宣布该项目由私营部门出资建设经营
1985 年 3 月 2 日	两国政府发出海峡通道工程融资、建设和运营的招标邀请
1985 年 10 月 31 日	收到四种不同的投标方案
1986 年 1 月 20 日	两国政府宣布选中 CTG – FM（Channel Tunnel Group – France-Manche S. A.）提出的双洞铁路隧道方案；CTG – FM 是一个由两国建筑公司、金融机构、运输企业、工程公司和其他专业机构联合的商业集团。它在 1985 年已分为两个组成部分，一个是 TML（Trans Manche Link）联营体，负责施工、安装、测试和移交运行，作为总承包商；另一个是欧洲隧道公司（Eurotunnel），负责运行和经营，作为业主
1986 年 2 月 12 日	两国政府正式签订海峡隧道条约，又称肯特布协议
1986 年 3 月 14 日	两国政府和 CTG – FM 签订特许权协议，授权建设和经营海峡隧道 55 年（包括计划为 7 年的建设期），后来延长到 65 年，并承诺于 2020 年前不会修建具有竞争性的第二条英法海峡通道；到期后，该隧道归还两国政府的联合业主。协议还规定两国政府将为欧洲隧道公司提供必要的基础设施，并且该公司有权执行自己的商业政策，包括收费定价，但两国政府不提供担保

续表

时间	建设内容
1986 年 8 月 13 日	正式成立欧洲隧道公司，并与 TML 签订施工合同，合同类型为固定总价和目标造价合同
1987 年 12 月 15 日	海峡隧道英国段正式开挖
1993 年 12 月 10 日	工程建设完成，TML 将项目转交给欧洲隧道公司
1994 年 5 月 7 日	英法海峡隧道正式开通
1997 年 7 月 10 日	欧洲隧道公司财务重组计划审核通过
1997 年 12 月 19 日	两国政府同意将特许经营期延长至 2086 年
1998 年 4 月 7 日	财务重组完成
2006 年 8 月 2 日	巴黎商业法庭批准欧洲隧道公司的破产保护申请
2007 年 1 月 15 日	巴黎商业法庭表示批准欧洲隧道公司破产保护计划
2007 年 6 月 28 日	欧洲隧道公司宣布通过公开换股，债务重组成功，重新组建欧洲隧道集团
2007 年 7 月 02 日	欧洲隧道集团首次在巴黎和伦敦证券交易所上市交易，替代欧洲隧道公司负责英法海峡隧道的经营

项目初始投资预算为 60.23 亿英镑（最终耗资 100 亿英镑），其中 10.23 亿英镑为股权资金，由英国的海峡隧道集团和法国的法兰西曼彻公司各出资 79% 和 21%。中标之后，CTG - FM 分别在英国和法国注册了 Eurotunnel PLG 公司和 Eurotunnel S. A. 公司，两家公司联合成立了合伙制公司即欧洲隧道公司。

其余的 50 亿英镑来自世界上最大的辛迪加贷款（超过 220 家银行，牵头银行是 CTG－FM 的股东），在签订贷款协议之前，银行要求项目公司完成 1.5 亿英镑的二期股权融资，英、法两国议会必须通过有关协议来保证项目合同的合法性，并给予欧洲隧道公司自主营运权。TML 联营体（Trans Manche Link，也是由 CTG－FM 的股东组成）作为项目的总承包商，负责施工、安装、测试和移交运行。英法海底隧道项目投资结构，如图 5－3 所示。

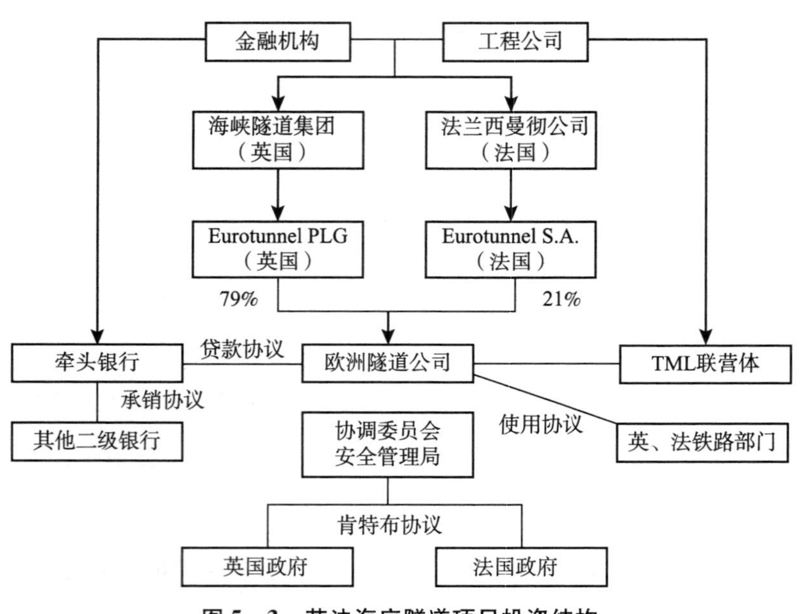

图 5－3　英法海底隧道项目投资结构

五、英国 PPP 模式的启示

（一）PPP 项目推进的前提：良好的市场环境

英国构建 PPP 良好的市场环境主要从以下方面开展：

1. 法律体系较为完善

英国虽然没有 PPP 专项立法，但 PPP 各环节都能够在现有法律中找到相应依据，相关法律体系还是较为完善的，这些为 PPP 模式的有效运作提供了良好保障。同时，私营部门普遍认可英国司法的公正性和独立性，当 PFI 项目出现纠纷时，私营部门和公共部门的胜诉率基本持平。

2. 政府诚信和契约精神

政府基本没有违约情况，英国诚信体系高度发达，重诺履约成为公共部门和私营部门的自觉行动。私营部门将政府视为可信任的合作方，愿意在长达二三十年甚至五十年的 PPP 项目期内与政府开展合作。[①]

① 蔡今思．英国 PPP 模式的构建与启示［J］．预算管理与会计，2015（12）：47－51.

（二）PPP 项目有力的支撑：有效的管理体系

英国构建 PPP 管理体系有三条重要经验：

（1）确立财政部推广 PPP 模式的核心地位，给予财政部充分授权，统揽 PPP 政策制定和项目管理工作。

（2）在财政部设立专业的 PPP 管理机构。因为 PPP 项目涉及的物有所值评价、财政承受能力论证、预算管理、政府债务管理、政府采购管理等都与财政职能密切相关。同时，财政部掌握预算资金分配，对相关部门具有一定激励约束作用，在推广运用 PPP 模式时更容易协调相关部门利益、达成共识。

（3）建立跨部门协调机制，成立由财政大臣牵头的经济事务基础设施部长委员会，协调有关部门共同参与 PPP 项目建设。

（三）PPP 项目有效运作的技术保证：丰富的政策指引

PPP 模式的推广，会涉及诸多环节，例如，宏观规划、项目设计、工程建设、运营管理、合同订立等方面，这些环节主要涵盖了基础设施领域，例如，能源、交通运输、水利、环境保护等经济类基础设施以及医疗、养老、教育、文化等社会类基础设施。为促进 PPP 模式规范有序发展，英国政府出台了一系列全面细致的 PPP 政策指引，并适时开展对相关政策与指引的再评估和调整完善，确保始终能够对 PPP 项目识别、准备、采购、执行、移交的全生命周期过程给予有效的技术指导，约束和规范相关各方行为。

（四）PPP 项目实施的重要举措：创新融资支持

为了引导和规范地方政府行为，同时有效吸引私营部门参与 PPP 项目建设，英国政府在不同阶段采取了不同方式的融资支持政策。例如，在 PPP 项目推广初期，英国政府设立 PFI 项目倾斜平衡基金，向地方 PFI 项目提供资金支持。这对提高地方政府积极性，引导其采用中央制定的标准化流程和合同，从而减少管理成本、降低操作风险起到了积极作用。

第三节 澳大利亚 PPP 融资模式的应用和启示

一、概况

澳大利亚已经成为世界上 PPP 模式应用体系最为成熟的国

家之一。目前，澳大利亚的公私合作项目盛行于各个方面，主要集中在基础设施建设与公益事业领域。澳大利亚政府不仅利用PPP模式进行基础设施建设，如建设公路、铁路、港口等，还利用这种模式建设学校、医院（如墨尔本皇家儿童医院）、监狱（如维多利亚州监狱）这样的公益机构，在运用PPP模式实施大型基础设施项目方面处于世界领先地位，其经验受到各国关注。政府通过法制化和规范化管理，与私营部门确权分利，分担风险，形成双方共赢的局面。因而正确认识政府在项目主导中的作用与定位，是推动公私合营发展的关键所在。[①] 澳大利亚的成功经验，对于我国实施基础设施建设、推进城乡一体化发展、落实各项民生政策等具有重要的借鉴和参考意义。

二、澳大利亚PPP项目管理

（一）建立PPP项目专业管理机构

澳大利亚PPP项目管理机构，如表5－2所示。

---

① 调研组．澳大利亚发展公私合作伙伴关系的经验与启示［J］．中国财政，2013（6）：71－73.

表 5 - 2 澳大利亚 PPP 项目管理机构

管理层级	管理内容	案例应用
澳大利亚联邦政府	澳大利亚基础设施管理局作为联邦政府的 PPP 管理机构，负责对全国 PPP 项目进行管理，定期发布政府拟实施的重大基础设施建设项目信息，并审批所有 PPP 建设项目	以维多利亚州为例，由财政部门负责 PPP 的管理，并在项目管理过程中与其他部门和私人企业进行沟通，州政府还设立了 PPP 项目指导委员会，由财政、交通、医疗、教育等相关多名专家担任委员，对 PPP 政策、项目管理、私营机构选择、工程技术等进行调查研究并提出意见建议
澳大利亚州政府	PPP 具体政策由各州分别制定，部分州政府设立了自己的基础设施管理局，也有一些州是分设机构，一般包括具体政策制定部门和 PPP 项目执行机构	

（二）明确 PPP 项目标准

政府投资不是无偿的，政府会对每个项目进行社会效益、经济效益及生态效益分析。澳大利亚对基础设施领域采用 PPP 模式建设的项目有明确的条件，如表 5 - 3 所示。

表 5 - 3 澳大利亚 PPP 项目标准

序号	PPP 模式建设项目标准	应用
1	项目具有一定的价值和规模	政府拥有部分城区和大部分农村土地，利用土地收入补偿基础设施建
2	技术具有复杂性和新颖性	

续表

序号	PPP 模式建设项目标准	应用
3	能够帮助政府实现一定的风险分散和转移	设支出；私人则利用多余的土地进行商业开发，以收回投资成本。政府开出参与项目的优惠条件以吸引投资，项目最终完成后再行兑现。例如，墨尔本皇家儿童医院，州政府与私人投资者在开始时即谈好条件，新医院建好运行后，将原址的旧医院交由私人投资者自行改造利用，如建超市或旅馆等，所得收入归私人投资者所有，涉及税收项目将享受一定的优惠，但最终这块土地及所有不动产仍归政府所有
4	项目具有很大的设计和技术创新空间	
5	项目所有者具有较高的 PPP 项目实施能力	
6	能够平衡私营部门的利益和公共部门的需求关系	
7	配套设施及副业经营等辅助项目可使私营部门从中获益	

（三）明确公私部门的角色和责任

在每个 PPP 项目合约签订前，公共部门和私营部门会进行反复、深入的讨论，根据各方从项目中获得的利益，明确双方的责任和应承担的风险，具体内容见表 5－4。

表 5－4　澳大利亚 PPP 模式公私部门的角色和责任

	公共部门	私营部门
角色	对建设和服务是否达标进行监管	既可以参与建设又可以负责运营
责任	主要承担土地风险	承担建设风险

续表

	公共部门	私营部门
应用	以维多利亚州监狱为例，就是由私人资本承接设计、施工并经营的 PPP 项目，私人投资者完全按照政府要求建造并经营管理监狱，政府只需对私人经营者付费和进行监管即可。后期，维多利亚州政府还出台了新规，只要监狱的罪犯重新犯罪率降低，政府将给予经营者一定的奖励，因为政府认为正是监狱管理者的努力保障了社会的安定	

（四）加强 PPP 项目风险管理

对任何一个 PPP 项目来讲，风险存在于项目设计、建设、运营管理全过程，政府是风险的最后承担者。因此，澳大利亚政府特别注重对 PPP 项目的风险管理，具体内容见表 5 –5。

表 5 –5　　澳大利亚 PPP 模式有效的风险管理

序号	风险管理策略	策略内容	应用
1	充分了解	公共部门和私营部门都需充分了解项目风险，并在项目开始就可预见未来风险，提出解决方法。政府管理部门要不断提高项目风险透明度，确保合作各方对风险的充分认知，从而推动项目顺利实施	

续表

序号	风险管理策略	策略内容	应用
2	合理分担	分配给最有能力承担的一方，即最能评估该风险或最能控制该风险的一方；分配给与风险相关费用最低，且能产生最大项目效益的一方；风险并不一定转移给从承担风险中最能获益的一方，也可能共同分担。对于 PPP 的风险分担并不是绝对的，而是针对不同项目并结合各种因素的综合衡量	澳洲政府采取“政府主导私人参与”的方式引入民间资本投资基础设施建设，悉尼举办 2000 年奥运会修建场馆和奥运村总共投资超过 40 亿澳元，引入私人资本 10 亿澳元。澳大利亚政府使用多种策略，强化对 PPP 融资模式建设项目的风险管理
3	充分沟通	管理项目建设和运营中的风险很困难且成本较高，因而政府要与私人部门保持充分的沟通，包括讨论风险管理安排、建立解决问题的方案和机制、举办培训等等	
4	政府担任最后放款人角色	政府会通过提供担保进行融资等形式帮助私人部门渡过难关	
5	政府定期发布项目清单	提前公布未来项目计划等	

（五）建立严格的审计和绩效评价机制

做好公私合营项目的前提是完善的法律法规体系和严格的审计制度。在 PPP 项目中，政府部门和私人部门通过标准合同的形式确定各自的权利义务，同时明确政策、环境发生变化时可再商谈的条款，保证合同的公正、合理。澳大利亚《合同法》也从法律上保证了合同的履行，一方违法另一方可以起诉。若企业违法，将会失去声誉和今后参与其他项目的机会，若政府对项目判断失误，选民也会在选举中用投票来表达意见。澳大利亚政府对 PPP 项目有严格的审计程序，以维多利亚州为例，审计署的主要工作包括绩效审计和财务审计。对每一个 PPP 项目，政府部门与私人部门签订的合同中都提出了主要绩效指标，并不断加以完善和改进，审计署要重点对项目是否符合公共利益、是否经济有效、是否实现了绩效目标、是否符合法律法规等方面进行评价，评价结果向州议会报告。此外，政府对 PPP 项目还设计了专门的会计核算方法，各项目运营情况每年都以资产负债表和项目收入表来反映，并在州政府资产负债表中体现。

（六）设有针对 PPP 项目的法律

澳大利亚为了满足对学校、医院等公共设施日益增长的需求，进行了很多包括 PPP 模式在内的创新尝试。并且，澳大利亚 PPP 模式的实施是基于物有所值（value for money，VFM）的理念。澳大利亚也设有专门的 PPP 法律，并且其对 PPP 项目的指导分州进行。以维多利亚州为例，其对 PPP 的指导主要分成四个方面：政策、指南、建议注释和技术注释。其中最主要的是2001年的《维多利亚合作伙伴政策》，为政府参与PPP项目提供了一个大的理论框架；2003年的《合同管理政策》是在认识到合同管理在保证长期物有所值的重要作用时，颁布的框架性政策措施建议；2007年的《政府公示政策》则要求政府相关部门及时告示各个PPP项目，包括项目的概况、组织方式和风险分担等商业属性，以满足社会大众的监督需求。

三、澳大利亚墨尔本剧院PPP项目案例

维多利亚州政府通过与墨尔本剧院的PPP模式合作，以政府付费的方式委托剧院生产面向特定使用者的公共文化产品服务，通过公私合作的模式行使了选拔优秀艺术后备人才的社会责任，充分发挥了市场与社会机制的作用，建立了政府与社会、政府与市场的良性合作关系，为艺术后备人才的选拔与培养引入了优质专业的社会力量，提高了公共文化产品服务的供给绩效，为具有优质专业资源与技能的社会机构创造了发展空间，通过政策配套合作与资金支持，实现了PPP模式下公共文化产品服务的供给机制创新。[①]

① 成啸．PPP：公共文化产品服务的多元化复合供给模式——以澳大利亚墨尔本剧院为例［J］．科学发展，2016（9）：83－90.

（一）文化产品服务由政府部门和私人机构同时供给

维多利亚州政府与墨尔本剧院合作采取 PPP 模式，其目的是为社会选拔出优秀的艺术后备人才，培训后送入高校进一步地深造。墨尔本剧院作为世界顶级的专业艺术机构，掌握着先进的生产要素，维多利亚州政府作为行政管理机构，并不具备专业艺术教育项目的开发能力，也不具备识别、选拔、培养艺术人才的专业技能。维多利亚州政府通过项目的设置与招标选拔，与墨尔本剧院签订协议合作，由后者负责项目的开发与运营，利用政府所不具备的优秀艺术资源与专业艺术项目的生产与管理能力，通过公共文化产品服务为社会选拔出优秀的艺术后备人才。而维多利亚州政府根据对剧院的项目运营和管理质量进行评估，提供生产资金作为回报。虽然维多利亚州政府没有直接参与到公共文化产品服务的供给，但产品服务的目的、项目要求、评估等环节由政府掌握，并根据产品服务的质量付费给剧院，形成合作共赢的局面。剧院生产的公共文化产品服务实质上是由政企两部门（即公私双方）共同供给。

（二）政府部门和私人机构双赢互利

维多利亚州政府以社会公益为出发点，为社会选拔优秀艺术人才是其作为公共部门的责任与义务。其在与墨尔本剧院的合作中承担了项目发起与标准控制的角色，而具备先进生产要素的剧院（私人机构）在政府提供的合作平台上也实现了自身利益的最大化，不仅以政府付费的形式获得了产品服务的成本回收与盈利，而且在项目开发与推广中，其观众拓展也将带来其他的收益，而维多利亚州政府作为公共部门则实现了为社会选拔优秀艺术后备人才的公众共同利益。

（三）项目运转兼顾高效与公平

墨尔本剧院拥有专业化艺术资源与专业艺术教育项目的开发能力，具备先进的生产要素，在与维多利亚州政府的协议中，通过 PPP 模式合作，实现了公共文化产品服务高效高质量的供给，为社会选拔与培训了优秀的艺术后备人才。而与维多利亚州政府的合作协议，则保证了双方合作的平等地位，政府以付费方式保证了剧院的生产成本与盈利，在合作中实现了公平兼顾双方各自的利益。

四、澳大利亚 PPP 融资模式的启示

（一）强化科学的绩效评价

在 PPP 项目的实施中，项目成功的关键在于政府部门和私

人部门能够在合理分担项目风险的条件下实现彼此的双赢。政府部门和私人部门在利益方面是一种博弈，政府部门希望通过较低的成本付出吸引私人部门的积极参与，而私人部门则希望取得更高的投资回报。由于上述因素的存在，使得如何进行科学的绩效评价就尤为必要了，在绩效评价设计中形成激励－约束机制成为 PPP 项目成功实施不可忽视的重要条件。

（二）保证政府部门的主导地位

实施 PPP 项目的前提条件是政府部门的大力支持和主导。但同时必须明确，PPP 模式仅仅是提供公共设施或服务的一种比较有效的方式，该模式不可以替代政府部门进行决策和开展有效治理。从保护和促进公共利益的立场出发，在 PPP 项目整个实施过程中，政府部门需要总体负责 PPP 项目的总体策划和组织项目的全程招标，同时注意理清各个参与方的权限及其关系，最大限度地降低整体项目的风险。

（三）健全相关法律法规制度

顺利推进 PPP 项目的保证是健全的法律法规制度。为了保证 PPP 项目的成功运作，必须从法律法规制度层面上对政府和私人部门在项目中的责任、义务及风险加以明确。健全 PPP 项目的法律法规制度，可以对政府部门和私营部门给以有效约束，最大限度发挥各自优势并有效弥补不足。

第四节 加拿大 PPP 融资模式的应用和启示

一、加拿大 PPP 定义及主要模式

在加拿大特定的国家制度及背景下，根据加拿大公私合作委员会的定义，PPP 的含义是指：在公共部门和私人部门各自优势及特长的基础上，为了使公共需求得到更好的满足，通过合理分配资源、风险和利润报酬建立的公共部门和私人部门间的合作投资关系。在这一定义下，加拿大政府要求 PPP 项目需要满足以下两个要求：一是合作项目与公共服务或公共基础设施建设相关；二是这种公私合作方式应使风险在不同部门间转移成为可能。凡是不能同时满足以上两个要求的项目都不能称之为 PPP 项目，也不在加拿大公私合作委员会（CCPPP）的管理范围之内。[①] 加拿大 PPP 项目具体模式见表 5－6。

① 杨雅琴．加拿大运用 PPP 投资公共项目的经验借鉴［J］．地方财政研究，2016（4）：40－45.

表 5-6　　　　加拿大 PPP 项目具体模式

序号	模式名称	内容
1	委托运营合同模式（operation & maintenance contract）	指一家私营企业，根据与公共部门签订的合同，在合同约定时间内运营公共资产。在该模式下，由私营企业所运营的资产所有权仍属于公共部门，私人部门企业只负责资产运营和管理
2	建设投资模式（build - finance）	私人部门仅在项目建设期间负责项目建设及资本支出投资
3	设计-建造-投资-维护模式（design - build - finance - maintain）	指在长期协议框架下，私人部门负责项目设计、建造、投资，并提供项目硬件设施管理或维护服务
4	设计-建造-投资-维护-运营模式（design - build - finance - maintain - operate）	指在长期协议框架下，私人部门负责项目设计、建造、投资，并提供项目硬件和（或）软件设施管理、维护、运营服务
5	建造-所有-运营模式（build - own - operate）	指私人部门永久性地负责公共项目或公共服务的投资、建造、所有和运营事宜。该方式中公共部门对私人部门的约束需通过初始协议及项目运行过程中的监管实现
6	特许经营模式（concession）	指私人部门在一段特定时期内享有公共项目或公共设施的投资和运营特权，在该特定时期结束后，公共设施的所有权转回公共部门

以上几种 PPP 模式中，私人部门参与项目的程度以及相应风险水平从低到高依次是：委托运营合同模式、建设投资模

式、设计－建造－投资－维护模式、设计－建造－投资－维护－运营模式、特许经营模式。

二、加拿大 PPP 融资模式概况

PPP 最初在加拿大的发展主要由以不列颠哥伦比亚、亚伯达、安大略和魁北克为代表的省一级政府在推动，经过多年的摸索和经验积累，形成了独具特色的加拿大模式。加拿大是国际公认的运用 PPP 模式建设公共基础设施和服务最好的国家之一，其 PPP 模式的运用主要涉及交通、医疗、司法、教育、文化、住房、环境和国防等行业。加拿大 PPP 的发展可以分成三个阶段：

（1）1980～1990 年是探索阶段。前几年项目主要集中在桥梁、机场、公路等行业，后几年开发中小学、医院、水处理、卫生防疫等项目。这些项目没有统一的规划，各自为政。

（2）2000～2005 年是发展阶段。不仅项目数量增加，而且行业更加扩展，开始出现省级的规划和一些公私合作的专业机构。

（3）2006 年后至今是成熟阶段。经济基础设施和社会基础设施的 PPP 项目在全国普遍开展起来。

在加拿大的 PPP 模式中，私人部门负责 PPP 项目设计、建造、运营和维护的全过程，以避免由不同投资人负责单一阶段带来的风险和责任推诿；政府在项目建设完成前不承担支付责任，支付的阶段延伸至整个项目的生命周期，同时支付的前提是私人部门提供的服务达到事先约定的标准。

在政府组织保障方面，加拿大在 2008 年建立了联邦级的 PPP 单位——PPP 加拿大（PPP Canada）主要负责审核和建议联邦级的 PPP 项目，为 PPP 模式管理制定政策和最优实践，提供技术援助，并与地方级的 PPP 单位合作，推广 PPP 模式在公共基础设施中的广泛运用。PPP 加拿大由加拿大联邦政府所有，并通过财政部向国会报告，且具有独立的董事会。加拿大联邦政府选择这种组织形式是因为这可以让私人部门通过董事会监测 PPP 单位的运作，在管理上具有更高的灵活性。加拿大联邦政府为鼓励地方政府采用和推广 PPP 模式，在 PPP 加拿大设立了一个规模为 12 亿美元的“P3 加拿大基金”，任何层级的地方政府都可以申请该基金，适用于交通、水务、能源、安全、固体废物处理、文化、体育、旅游、电信、海事、宇航等领域，但该基金对项目的投入加上其他的联邦资金援助不能超过项目建设成本的 25%。2013 年，联邦政府设立了新的“建设加拿大基金”。

在法律制度方面，加拿大各级政府积极制定基础设施规划，不断完善 PPP 项目采购流程。加拿大工业部出版的《对应公共部门成本——加拿大最佳实践指引》和《PPP 公共部门物有所值评估指引》是目前 PPP 项目在加拿大运作的主要依据。

三、加拿大 PPP 融资模式的特点及关键成功因素

（一）加拿大 PPP 融资模式的特点

私人部门参与 PPP 项目并非单纯的为基础设施项目融资，项目的最终目的是提供公共服务，其具有专业技术和经验优势，成立了专业的组织机构负责审核 PPP 项目复杂的交易结构等；引入竞争，鼓励国内外的私人投资者参与到 PPP 项目的竞标中，以鼓励创新、降低成本；通过资本市场融资，建立了为 PPP 项目提供资金的项目债券融资市场；注重推广和创新，加拿大 PPP 中心与国内各省同行分享交流经验，同时借鉴 PPP 经验，根据不断变化的外部环境做出相应调整。

（二）加拿大 PPP 融资模式关键的成功因素

加拿大自 2003 年开始推广使用 PPP 模式，近年来取得稳步发展，即使面临金融危机，加拿大的 PPP 项目也在市场上发挥着强大的影响力，并且在世界范围内名列前茅。加拿大 PPP 项目的成功，关键成功因素主要有以下四点：完善的 PPP 项目

治理层、风险分担机制、物有所值评估、多元的融资渠道，具体见图 5－4。

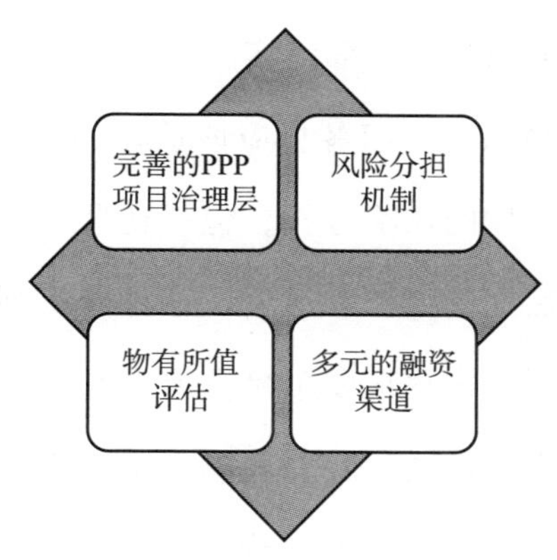

图 5－4　加拿大 PPP 融资模式关键成功因素

1. 完善的 PPP 项目治理层

PPP 项目前期基础性工作包括 PPP 项目宣传、PPP 基金协调以及 PPP 项目国有公司合作方开发，这些工作由加拿大 PPP 中心负责；同时，自 2003 年起，加拿大联邦政府建立了“PPP 加拿大基金”，PPP 项目可以从中获得 25% 的资金支持；各级政府积极制定规划配合 PPP 项目实施，积极制定高效招标流程，完善 PPP 项目采购流程，为 PPP 模式取得成果奠定了坚实基础；加拿大政府组建了专业的项目运营团队，并聘请了风险顾问，对项目实施过程中可能遇到的风险进行有效监督和掌控，制订全面的项目实施计划，力求以最高的效率形成最佳的解决方案。

2. 风险分担机制

加拿大政府部门与私人部门实施 PPP 项目时，政府会以合同的形式明确其和私人部门各自应该承担的风险。PPP 项目对整个流程都进行具体的风险分担，包括初期的设计阶段和中期的建造阶段以及后期的维护和运营，这种分工划分的最大的好处就是完全避免了因为存在多个合作方而导致项目在进行过程中发生分歧或者责任推诿。政府向私人部门支付全部款项的时间点是只有在 PPP 项目完成并达到合约标准，政府验收后才可支付。

3. 物有所值评估

加拿大“物有所值评估”分为以下阶段：一是在采购阶段进行初始评估，以确定是否采用 PPP 模式；二是在合同签订阶段进行最终评估，以确定中标人的方案是否能实现物有所值。①

4. 多元融资渠道

加拿大 PPP 项目的融资渠道具体有以下内容：联邦政府

---

① 隋钰冰，陈慧．加拿大 PPP 项目的三大成功经验［J］．人民论坛，2017（31）：204－205.

PPP 中心基金，这一基金能够提供 25% 的资金给 PPP 项目，且能够以此资金来支持社会资本对 PPP 项目的投资。该基金运作模式分别有提供项目基金、提供项目（低利率）贷款、作为政府方的一部分直接投资于 PPP 项目。同时加拿大联邦政府于 2013 年设立了“建设加拿大基金”，该基金设立的目的是将投资用到建设各级政府基础设施项目上，这些对私人部门投资到 PPP 项目上很具有吸引力。

四、加拿大 PPP 融资模式启示

（一）完善 PPP 机构框架

成功的 PPP 有赖于清晰的法治环境和强有力的政府支持，以增强经营环境的可预测性，确保项目风险可控，收入稳定。应尽快完善相关立法，明确不同部门在 PPP 发展中的职责，避免多头监管造成混乱。

（二）加快建立多层次资本市场

PPP 发展中很重要的一点是有深度的资本市场，尤其是债券市场。PPP 的一个基本要素即引入私人资金，这就需要发达的资本市场来牵线搭桥。PPP 项目周期长，资金需求大，多元完善、充分竞争的资本市场不仅能提供长期稳定、有竞争力的资金，还能提供有效的市场约束，提高 PPP 的效率。

（三）要重视地方政府的作用

地方政府更加积极地参与，有助于增加市场的需求、维持足够的项目储备、推动市场的持续发展、吸引足够的参与者，以及确保充分的竞争，从而提高项目实施效率。

第六章

建设项目 PPP 融资模式风险识别

第一节

PPP 融资模式风险管理概述

风险是指人们在从事经济活动或社会活动，为了达到预期目标所遇到的不确定性的因素。这些因素发生时，既可能对预期目标产生有利影响，也有可能产生不利影响。在本书中将项目融资风险定义为在项目融资的过程中，对项目预期目标造成有利或不利影响的机会事件发生的可能性及后果。

一、融资风险管理内涵

本书中的融资风险管理主要指项目融资风险。项目融资风险管理是项目管理的一个重要组成部分，同时也贯穿于整个项目的运作之中。在日常生活中，我们通常简单的将其理解为对某一风险进行控制或处理，这种理解相对比较狭义。在实务操作中，项目融资风险管理是指通过风险识别并对其进行评估，根据评估结果采用合理的经济和技术手段对项目活动涉及的风险进行积极、主动的处理，以最大限度地避免风险的发生或减少风险发生对项目的影响程度，从而实现项目融资的预期经济效益的一种管理活动。

二、融资风险管理过程

通过对上述融资风险管理定义的分析，可将管理过程主要分为三步：风险识别、风险评估和风险应对。对于社会投资方来说，如若错误的低估融资风险，将不可避免地造成融资失败，从而导致整个项目的终止。

（一）项目融资风险识别

风险识别在于确定风险的来源、风险产生的条件并描述风险的特征，其目的在于减少融资结构的不确定性。识别风险，既可以通过历史经验和感性认知进行判断，也可以对各项目的背景资料以及商务条件进行分析、归纳、整理甚至计算，从而发现潜在风险。常用的风险识别方法主要有：德尔菲法、核查表法、事故树法等。常见的项目融资风险有完工风险、运营风险、信用风险、金融风险、不可抗力风险以及政策风险。具体见表 6－1。

表 6－1　　　　项目融资风险的主要类别

序号	名称	主要内容
1	信用风险	指项目参与各方不能按合同约定履行义务而对项目进展产生不利影响的风险。评价一个项目信用风险的程度，不仅需要考虑项目的建设与运营期间，还要综合考虑到所有项目参与者能否有能力履行合同约定，如政府部门是否会过度干预运营、材料供应商能否按时按质交付材料、银行是否及时将贷款金额拨付到账等，这些都是考虑信用风险的重要因素
2	完工风险	指无法按合同规定完成项目建设的风险，包括不能及时竣工和完工后项目无法达到预期运行标准。项目的完工风险主要存在于项目建设阶段，它是项目融资的核心风险之一。一旦发生完工风险，对项目而言往往意味着银行贷款的利息支出增加、偿还期限延长，严重的还将导致项目成本超支、错失市场机会，造成违约，从而影响项目资金流的回笼
3	运营风险	指项目在运营过程中，由于技术实力不足、管理方式存在纰漏以及市场供需跟预期存在较大差异等因素，影响项目正常运营的风险

续表

序号	名称	主要内容
4	金融风险	项目的金融风险主要具体表现在项目融资过程中金融市场的变化导致汇率、利率等因素产生变动。金融机构与贷款人必须时刻注意金融市场的变化，并根据当前经济形势与政策对未来金融市场可能产生的影响加以预测判断
5	政策风险	指国内宏观环境的变化导致政府在一些政策规定上进行部分修改的可能性
6	不可抗力风险	指项目施工地的自然灾害频发给项目和融资主体带来损失的可能性。它是由当地的气候环境、地理条件、生态环境等因素共同决定的。有些无法通过科学仪器进行预测，有些则是人力无法避免，因此这种风险一旦发生，产生的破坏力以及影响都是巨大的

（二）项目融资风险敏感性分析

通过对识别出的项目融资风险进行科学评估，可以较客观的反映不同风险发生的概率以及发生后果对项目造成的不同程度的影响，这样目标规划可以更加合理，以此为基础制定的方案更具有可行性。常见的项目风险评估方法主要有以下几种：专家调查法、故障树分析法、蒙特卡罗模拟法、风险矩阵法、层次分析法以及敏感性分析法，本书中主要介绍敏感性分析。通过敏感性分析可以研究判断出各种不确定因素的变化程度将导致项目既定目标的影响程度，从而找出影响项目风险的关键性因素，并进一步分析与之发生有关的可能性，在此基础上制定出切实有效的应对措施。

敏感性分析，也称作灵敏度分析，主要用于项目的风险评估以及经营管理者的投资决策分析中。由于影响既定目标的不确定因素一直在不断地变化或无法做出判断，基于决策的必要考虑，需要对某个或多个因素的变化影响既定目标的程度做出评估。简而言之，就是判断不确定因素变化的一个区间范围，选取多个比较有代表的样本区间值，从而在确定性分析的基础上，得出不同的既定目标结果，从而分析判断出不确定因素的变化对最终目标的影响程度。常见的有，当产品的销量、单价或者成本（包括固定成本以及变动成本）等因素发生变化时，会对项目的净利润、净现值以及内部收益率等产生不同程度的影响。如果某一不确定因素及时变动的范围比较大，但对既定目标产生的影响较小，则判断该因素对于项目来说是不敏感的，也就是说该不确定因素是一般风险或低风险；反之，若其中某个不确定因素发生变动，即使幅度很小，但仍导致既定目标发生较大的改变，则判断该因素对于项目来说是敏感的，也就是说该不确定因素是重大风险或特别重大风险，需要重点进行防范应对。实务中运用敏感性分析法解决问题时，主要分为五大步骤，具体见图 6－1。

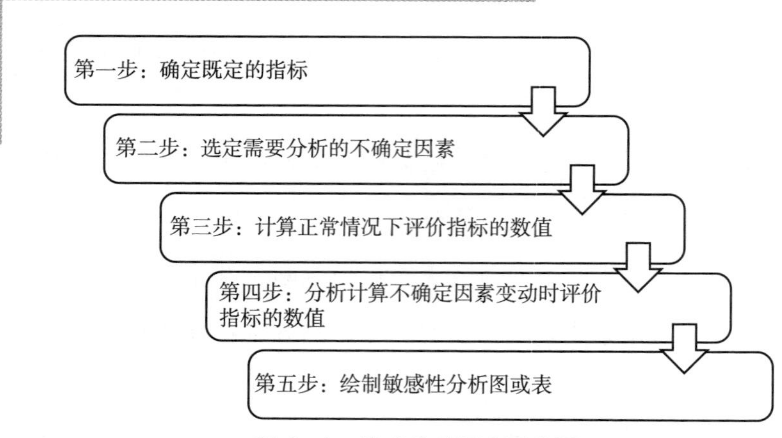

图 6-1　敏感性分析主要步骤

第一步：确定既定的指标。具体指标的选择，一般主要是与拟进行的项目及其分析的目的有关。如果分析的对象主要是具体的技术方案及其反映的经济效益，则可以选择投资收益率、净现值以及投资回收期等作为主要评价指标。

第二步：选定需要分析的不确定因素。一般情况下，影响项目评价指标的不确定因素有很多，但不需要对所有的不确定因素都考虑和计算，应当视具体情况选定几个重要的不确定因素。通常需要结合行业和项目特点，同时根据以往类似项目的经验分析，特别是项目完成后，其评价的主要经验。具体的选择原则有两条：一是判断其可能发生的不利变动将导致评价指标的强烈变动。二是在假设的前提下进行确定性分析中，对数据的精确程度存在疑虑。选定的时候应当综合考量这两点。

第三步：计算正常情况下评价指标的数值。由于需要判断不确定因素的变化对既定评价指标的影响程度，因此必须以正常情况下的数据（即固定不确定因素的参数值）为参照依据，计算得出评级指标的参照值。正常情况下分析评价指标应与敏感性分析中的评价指标一致。

第四步：分析计算不确定因素变动时评价指标的数值。对于选定的不确定因素，设定若干可能发生的变动幅度，在假设其他因素确定的前提下，每次出现一个变动因素，可分别计算该因素在不同的变动幅度内相对应的评价指标变化的影响和数值。

第五步，绘制敏感性分析图或表，确定敏感因素及各因素允许最大变化幅度。

最后，通过以上五步骤的综合性分析，判断出项目的风险程度。

第二节 建设项目 PPP 融资模式的风险内涵及特征

一、PPP 融资模式风险的内涵

建设项目 PPP 模式特殊的组织结构和项目本身的特殊性，

导致该类项目中有很多风险因素，同时这些因素又具有复杂的多变性，由于建设项目 PPP 模式所处的自身及其外部环境的动态多变性，从而决定了风险的不可避免性，使风险控制存在于建设项目的全部生命周期。所以，要想实现项目的建设目标和项目绩效，必须加大对项目风险评价的识别与控制，如何针对建设项目整个生命周期进行风险识别和风险监控，如何进一步分担建设项目 PPP 模式中各利益参加方、政府部门、私人部门、运营方等各主体之间的风险是个难题，这是目前政府、金融机构等关注的焦点问题。风险评价和风险分担的前提是对建设项目 PPP 融资模式进行风险的全面识别，站在不同的角度对 PPP 项目中存在的风险因素的识别和分类也不同。①

PPP 模式风险是指存在的不确定性，在 PPP 项目的运行过程中，这个过程包括项目的整个环节，即项目设计、项目建设、项目运营中出现诸多因素对 PPP 项目的各个阶段造成不确定性影响，由于存在这种不确定性，会使 PPP 项目受到损失，进而有可能导致建设项目的失败。例如，由于技术把控能力或项目管理能力的缺乏导致对建设项目中风险管理决策不当，进

① 李妍，赵蕾．新型城镇化背景下的 PPP 项目风险评价体系的构建——以上海莘庄 CCHP 项目为例［J］．经济体制改革，2015（5）：17－23.

而影响到整个投资决策的失误；同时，由于建设方案或计划的不周全、工期的拖延、财产发生损失、人员出现伤亡等因素均会导致建设项目投资决策的失误，最后造成整个项目的失败。

所以，要充分重视建设项目 PPP 模式风险的危害性。建设项目管理人员一定要把风险准备工作在项目前期阶段做好，这样就可以准确识别项目建设和运营过程中存在的各种风险，并及时采取相应的风险应对策略，这对于项目建设的顺利实施有着非常重要的作用。

二、PPP 融资模式风险特征

由于风险自身具有客观存在性，所以任何项目都是有风险的，建设项目也不例外，即建设项目 PPP 模式中必然存在风险。本书不去讨论一般项目均具有的共性风险特征，因为建设项目在 PPP 这种特定的模式下具有特有的风险特征。由于 PPP 项目的资金投入量大、资金投资周期较长、合同结构的复杂性、项目内容繁多，这些诸多因素导致建设项目 PPP 模式同时具有复杂性、偶然性、阶段性和渐进性等特征。[①]

① 张雷．PPP 模式的风险分析研究［D］．财政部财政科学研究所，2015.

（一）复杂性

复杂性体现在两个方面：利益关系的复杂性和风险类型的复杂性。利益关系的复杂性是由于参加 PPP 项目的各方对项目的预期不同，各自对项目的衡量方式存在差异，同时存在的诸多不确定性因素，对项目参与者各方的影响深度也是有差别的。由此，引发了项目的风险类型也有诸多存在形式，同时同一类型的风险在建设项目的不同发展阶段其表现形式也是存在差异的，而项目的诸多参与者诉求的复杂性表现得更为明显。

（二）偶然性

偶然性体现在诸多不可预期不可预知的状态下，因为很多 PPP 模式的建设项目在项目建设整个阶段会存在一定的创新性，所以是没有前期的经验可以借鉴的，每个项目都存在个体性差异，在建设的过程中处于摸索阶段，所以会面临诸多以前没有遇到过的情况，对于新问题的解决方式要用新的思维去处理，因此会面临很多新问题、新情况，同时由于项目的参与者过多，又会放大了这种偶然性的存在。由此，对于建设项目高风险的不确定性的解释可归结为 PPP 项目的复杂性、偶然性及项目本身的多样性这些因素综合作用的结果。

（三）阶段性

阶段性体现在建设项目的风险可以出现在项目的诸多阶段，有的可能只是存在于一个或几个阶段，有的可能会存在于项目的整个运行周期。例如，法律风险是贯穿于整个项目过程始终，而市场风险的出现仅仅在建设项目的运营阶段。同时风险的大小也会伴随建设项目的不同阶段反映出不同强度的风险。

（四）渐进性

渐进性体现了风险在建设项目中是一种慢慢堆积后的凸显，大多数风险都不是没有前兆就异常爆发了，伴随着建设项目内外部环境和条件的发生变化，风险的大小及其性质也会伴随着发生变化。

除了上述四种特性外，在分析建设项目 PPP 风险特性的时候，一定要关注政府的影响力。在我国，建设项目受政府影响比较大，目前在我国建设项目 PPP 模式大多是由政府发起设立的，建设项目的批准立项是由政府确定，同时在项目的运行中，由于某些情况的发生，政府为了公众利益会介入到建设项目进程中，对项目的建设、管理提出必要建议并强制执行或做出惩罚，这些都会对项目产生一定的影响。

第三节

建设项目 PPP 融资模式风险识别

一、PPP 融资模式风险识别的主要观点

对于 PPP 融资模式风险识别的主要观点，本书从国内和国外分别阐述，具体如表 6－2 所示。

表 6－2　　PPP 融资模式风险识别的主要观点

序号	国外	国内
1	采用案例分析法介绍国际合作项目中的风险管理方法，并一致认为合资项目的财务风险、政府政策、经济环境及合作各方的关系是最关键因素（Ye S & Tiong R K L，2000）	借鉴国内外 PPP 项目实践经验，运用层次分析法将风险分为了七大类和 33 个指标（范小军等，2004）
2	通过问卷调查法指出 PPP 项目的主要风险有政治风险、财务风险、市场风险、开发风险、运营风险等（Zayed T M & Chang L M，2002）	通过对中国 PPP 项目案例的风险因素进行归纳和总结，形成了较为完善的风险评价体系（亓霞等，2009）

续表

序号	国外	国内
3	基于英国的 PPP 项目将风险分为宏观层面、中观层面、微观层面三大类，这也是目前最广泛的 PPP 项目风险分类方法之一（Li B et al.，2005）	基于霍尔三维模型将公共基础设施 PPP 项目按照逻辑维、知识维、时间维三维结构建立风险评价模型（孙荣霞，2010）
4	从风险与项目主体的相关性角度出发，分为项目风险和一般风险，具体风险与自然、法律法规、政治及经济活动相关（Ng，A & Martin Loosemore M，2007）	

资料来源：Ye S，Tiong R K L. Government Support and Risk-return Trade-off in China's BOT Power Projects ［J］. Engineering，Construction and Architectural Management，2000，7（2）：412－422；范小军，王方华，钟根元．大型基础项目融资风险的动态模糊评价［J］．上海交通大学学报，2004（3）：451－454；Zayed T M，Chang L M. Prototype Model for Build-operate-transfer Risk Assessment［J］．Journal of Management in Engineering，2002，18（1）：7－16；亓霞，柯永建，王守清．基于案例的中国 PPP 项目的主要风险因素分析［J］．中国软科学，2009（5）：107－113；Li B，Akintoye A，Edwards P J，et al. The Allocation of Risk in PPP/ PFl Construction Projects in the UK［J］. International Journal of Project Management，2005（23）；孙荣霞．基于霍尔三维结构的公共基础设施 PPP 项目融资模式的风险研究［J］．经济经纬，2010（6）：142－146；Ng A，Loosemore M. Risk allocation in the private provision of public infrastructure［J］. International Journal of Project Management，2007，25（1）：66－76.

二、建设项目 PPP 融资模式风险的影响因素

在建设项目中实施 PPP 模式运作，因为建设项目自身具有

资金投入量大、参与主体复杂，同时相关利益者较多，这些直接导致风险因素具有复杂性和多样性，从而增加了项目风险管理的难度。同时建设项目较长的运营周期，增加了项目的不确定性，这种不确定性加剧了风险管理的重要性和复杂性。综上所述，分析出建设项目 PPP 融资模式实施过程中风险的影响因素，在风险控制中对风险因素进行重点监控，可以有效地实施风险管理，从而规避建设项目 PPP 融资模式中的风险。

（一）关键风险因素

建设项目 PPP 模式实施的过程中，在整个项目的融资、工程建设和营运期间，会受到各种各样不确定因素的干扰和影响，这些因素具有不确定性的特征，同时可能贯穿整个项目的寿命周期，所以研究这些不确定因素是非常必要的。这些不确定性对于整个建设项目可以称之为风险影响因素。为了达到对项目的高效性风险管控，可以在对项目影响的诸多因素中，选取对项目起关键作用的因素进行重点监控，通过采取相关的控制措施，以期减少对建设领域项目管理的盲目性，降低在风险管控方面的成本支出，实现风险管理的效益最大化。在分析的过程中，可以确定关键风险因素，在 PPP 项目实施过程中，可以通过关键风险因素达到对整个项目的控制，这样对建设项目的风险管理更具有目的性和针对性，可有效提高建设项目风险管理的效率，PPP 模式关键风险因素见表 6－3。

表 6－3　　　　PPP 融资模式关键风险因素

序号	关键风险因素	内容
1	环境风险	环境风险主要指公共项目建设过程中的环保风险，在项目建设过程中，要考虑公共项目与环境的和谐发展，确保可持续发展的前景，关注公众利益
2	合同冲突风险	合同冲突主要指合同之间或合同中的主要条款矛盾，这样的矛盾会导致履行困难，影响项目的顺利进行，因此合同拟定过程中要充分考虑各个条款间的相容性
3	不可抗力风险	合同双方难以控制的风险，不可抗力风险一般在合同签订前无法防范，同时风险发生后就难以回避，一般指自然灾害、战争等风险
4	设计变更风险	指项目建设过程中设计发生变化而导致返工或建设成本增加的风险。对于公共项目，设计一定要详细完整，尽量避免后期的设计变更
5	工程成本超支风险	项目建设成本超过预算成本的风险，项目建设成本在整个项目成本中占有很大比重，所以，建设成本超支将会加大项目成本增长的风险
6	工程质量风险	指工程质量不能达到既定要求的风险，这将影响公共项目的后期运营
7	利率风险	公共项目建设运营期很长，这一时期内市场的利率变动是不确定的，而利率的变动会增加融资成本，加大项目的风险

续表

序号	关键风险因素	内容
8	项目决策风险	主要指私营部门对项目决策失误导致的风险；私营部门对项目的决策也会直接影响项目的成败，如果项目决策失误，则会直接影响项目后续的建设运营，使整个公共项目的风险加大
9	所有权风险	所有权风险主要指公共项目的所有权发生变更而带来的一系列风险，这需要完善的国家体制来保障
10	立法变更风险	指法律法规及政府的宏观政策变化，这种变化可能会导致项目的成本增加
11	通货膨胀风险	由于项目整个建设运营期长，这期间会出现社会物价水平上升，货币购买能力降低的现象，这同样会加大项目成本及收益风险
12	特许经营能力不足风险	特许经营人的融资、建设及运营能力不足，导致项目运行效率低下甚至运行不下去的风险
13	项目审批风险	由于项目审批程序复杂、时间冗长甚至不能通过审批等导致项目错过了最佳建设时期，进而影响项目成功的风险
14	运行效率低下风险	主要指公共项目建设投入运营后运营效率低下，不能达到预期效率的风险
15	官僚及腐败风险	政府官僚主义，利用公共权力谋取个人私利，违反公共准则。这可加大政府违约的可能性
16	项目自偿性风险	指项目的运营收益是否能覆盖项目的建设和运营成本并带来合理收益的风险，这对项目的成败起到关键作用，要想合理避免这项风险就要做好前期的可行性研究工作，只有具有较好自偿性的项目才值得投资

（二）不同项目控制权的风险因素

在 PPP 项目中，对于项目控制权的配置情况需根据具体的情况进行合理的风险分担，风险分担要基于不同的阶段，例如，可以针对项目勘察、项目设计、项目招标及项目施工进行阶段划分。如果 PPP 项目的承办方拥有的控制权涵盖上述诸多建设阶段，则承办方将会承担较大的风险；如果项目主办方对于项目具有一定的否决权和管理权，即主办方介入了项目建设的管理，那么在这种情况下项目承办方也同时承担了一定的项目施工风险；如果在 PPP 项目实施中，能够明确划分项目的控制权（除施工图设计权为双方共有之外），这种控制权的划分将会明确双方各自所应该承担的风险。

对于不同项目控制权配置和风险分担结果主要是基于以下两个原因：一是对于特点和需求的差异性。有的 PPP 项目，为了方便项目承办方在后续的特许经营期内获得运营权，项目主办方就将预定部分的项目设计、项目施工等这类控制权都划分给项目承办方；二是建设项目的主办方和承办方在项目管理能力方面强弱不同。如果在 PPP 项目建设过程中，项目主办方自身具备丰富的建设管理能力和建设经验，为了发挥主办方的自身优势，主办方会更多地参与到项目的设计和建设过程中，所以依据项目主办方对项目拥有控制权及相对应的风险匹配程度的不同，可以归纳出PPP项目的不同模式，即强势PPP模式、弱势PPP模式、标准PPP模式。①

1. 强势PPP融资模式风险因素

强势PPP融资模式是指项目主办方拥有较弱的项目控制权，项目承办方获得较强的项目控制权，由此，基于对控制权的差异，项目主办方承担与之相对应的较小风险，项目承办方承担与项目控制权相匹配的较大风险。该模式的适用范围是项目承办方拥有较强财政实力，拥有项目建设的设计和施工管理专业能力；项目主办方能否选择符合条件的承办方将直接影响该模式的运行，具体见表6-4。

表6-4　强势PPP融资模式所有权配置及风险因素

序号	项目主办方	项目承办方
1	投融资监督权、建设管理监督权	融资、投资权
2	竣工验收及项目回收权	组建项目公司进行建设期业主方项目管理
3	承担与之对应的项目可研、立项申请、招标、验收、回购、付款等职责	建设阶段的大部分项目控制权
4	承担法律、不可抗力、地质条件、项目可行性、吸引投资者、环保等方面的风险，及较少的建设阶段风险	承担项目建设阶段的大部分风险

① 亓霞，柯永建，王守清．基于案例的中国PPP项目的主要风险因素分析[J]．中国软科学，2009（5）：107-113.

2. 弱势 PPP 融资模式风险因素

在弱势 PPP 融资模式下，项目主办方拥有绝对的控制权，并承担与它自身相对应的较大的风险。项目主办方的权力及其控制范围是相当大的，这种权力主要涉及整个项目前期、管理和控制整个工程设计过程，同时参与建设项目的施工管理，与此相反，项目承办方拥有的权力是较小的。该模式的适用范围是：项目主办方具有较强专业技术水平及项目管理能力的 PPP 项目；PPP 主办方需要对项目施工进行全过程监督；对 PPP 项目的关键节点进行管理和控制，以保障项目目标的实现，具体见表 6－5。

表 6－5　　弱势 PPP 融资模式所有权配置及风险因素

序号	项目主办方	项目承办方
1	履行项目所有权人的职责	对项目进行投资
2	监督项目实施过程	与主办方共同监督
3	审批项目变更	与主办方管理施工承包商
4	控制设计质量	与主办方进行工程施工

3. 标准 PPP 融资模式风险因素

标准 PPP 融资模式是介于强势 PPP 模式和弱势 PPP 模式之间存在的一种模式。该模式在控制权配置上对于主办方和承办方是相对均衡的。同时二者各自承担的风险也是明确的。该模式的适用范围是：在控制权配置上对于主办方和承办方是相对均衡的。同时二者各自承担的风险也是明确的，具体见表 6 –6。

表 6 –6　　标准 PPP 融资模式所有权配置及风险因素

序号	项目主办方	项目承办方
1	履行项目所有权人的职责	对项目进行投资
2	选择项目投资人	独立进行施工承包商
3	审批工程变更	材料供应商的选择
4	制定设计标准	对建设过程进行全面管理并承担相应风险

第四节

建设项目 PPP 融资模式风险识别分类

在建设项目 PPP 模式中，既存在建设项目基础设施的特殊性，同时也存在不同利益主体的各类合作关系，这就使得风险识别更加复杂。根据具体风险来源的不同将建设项目 PPP 融资模式中的风险环节分为三个层级：宏观层面风险、中观层面风险和微观层面风险，这种分析思路将有助于项目参与者各方，特别是公共部门和私人部门，这些参与者通过制定相应的风险管理措施，确定具体的风险评价及风险监控措施。①

① 张雷．PPP 模式的风险分析研究［D］．财政部财政科学研究所，2015.

一、宏观层面风险识别

宏观层面风险主要包括一些外生变量引起的风险事件，既项目的外在风险。这个层面的风险集中于国家和行业状况，通常与政治环境、经济环境、法律环境、地质气候环境等关联，往往会影响到项目的进展和绩效。

（一）政治风险

政治风险包括政府信用风险、决策和审批延误、政府干预、公众反对或者政治不可抗力事件，这些因素因为会影响项目的进程，改变项目的信用结构，影响项目的偿债能力，成为项目的政治风险，具体内容见表 6－7。

表 6－7　　宏观层面政治风险内容

序号	风险名称	具体含义
1	政府信用风险	政府信用风险是指政府部门不履行事先约定的或签订协议中的责任和义务，使得合作方利益受损，给 PPP 项目造成直接或间接的损失。政府信用的缺失导致的后果比私人部门信用缺失更为严重，例如，在项目进行到半途时，政府突然终止了私人部门的特许经营权，这不仅会让 PPP 项目夭折，也会让承建该 PPP 项目的企业利益受到严重损害。同时政府信用的缺失会让其他承担 PPP 项目的私人部门犹疑不定，甚至影响推广 PPP 模式的战略

续表

序号	风险名称	具体含义
2	政府决策与审批延误	由于政府缺乏对 PPP 项目的实际管理经验及能力、前期的准备不足、信息不对称及操作审批过程复杂等，会造成项目工期延长与成本的直接或间接提高。PPP 项目一般都是公共基础设施，其投资收益不会太高。而私人部门承担 PPP 项目是为了获得正常收益，政府部门则是为了实现其公共管理职能。当政府部门在 PPP 项目中获益较少时，或者根本不获益时，项目参与方中的政府部门人员就很可能激励不足，消极对待决策与审批工作，或者没有动力去改进原本不合理的决策与审批流程。PPP 项目涉及包括各种原材料的采购、人力成本的谈判等方方面面的问题，面对瞬息万变的市场环境，最佳决策时机稍纵即逝，政府决策与审批延误是一种不合理的存在
3	政府不适当干预	政府过多干预是指政府直接干涉 PPP 项目的设计、建设或运营过程，影响私人部门的自主决策权，甚至当项目并没有出现严重异常时，强行取消、扣押、没收项目。一些不适当的政府干预给项目和承担项目的私人部门带来了重大风险。政府干预实质上是 PPP 项目中合作方权责利不清的体现。在项目中，双方各自获取哪些利益，承担哪些责任应该明晰。从某种层面上来说，政府干预的适当性，对降低 PPP 项目风险也是有益的
4	公众反对	项目实施的某些措施威胁或损害到公众利益，从而引起政治甚至公众反对项目的建设或是成本的增加等风险。例如，出于公众压力及环境保护的需要而制定的环保政策，造成设计变更、投资额增加，或是由于公众反对，而需要对公众进行补偿，甚至因为影响过大，公众不愿妥协，导致项目无法完成。但也需要考虑很可能因为项目决策者和公众考虑问题的角度不同，各自的利益也有所不同

续表

序号	风险名称	具体含义
5	不可抗力事件	这里是政治不可抗力事件，指政府换届，或官员的变更，甚至是政治局面动荡等，这些事件很可能造成项目严重受损。比较容易理解的是，很多官员为了政绩，没有进行详细规划，便大上项目，在自己调任或离职后，后来的官员可能就不再为该项目提供应有的保证或完成应有的承诺。为避免该种风险，私人部门在与政府部门签订协议时，应该将政府部门应有的义务详细写入，避免发生纠纷致使自己利益受损

（二）法律及合同风险

PPP 项目的法律及合同风险包括法律及监管体系不完善、法律变更、违约风险、税收调整、合同风险等，具体内容见表 6－8。

表 6－8　　宏观层面法律及合同风险具体内容

序号	风险名称	具体含义
1	法律及监管体系不完善	由于 PPP 模式进入我国不久，国家层面对这种投资模式的配套法律体系还不健全，虽然近些年来，我国也制定了一些相关法律规章制度，但 PPP 模式并没有形成系统的立法，这就使得 PPP 项目运行过程中的很多纠纷没有明确法规可依，不利于解决 PPP 项目中发生的诸多问题，最终影响 PPP 项目的顺利实施运营。其更加凸显要在 PPP 合作协议中详细列明相关责任人的相关责任的重要性。法律风险的另外一层含义是指，即便存在相关的 PPP 项目法律法规，也可能存在监管执行不到位的情况，从而对 PPP 项目造成一定的风险

续表

序号	风险名称	具体含义
2	法律变更	相关法律的变更一般会对 PPP 项目产生影响，例如，环境方面、税收方面、补贴方面相关法律法规变更，会直接影响到 PPP 项目的成本和收益，最终导致 PPP 项目成本增加、收益下降，甚至导致 PPP 项目无法继续运营。同时法律的变更也可能给 PPP 项目带来好的影响，如会有一些直接的项目补贴，或者给予其政策上的支持等，但这不属于通常意义上的风险
3	违约风险	违约风险是指项目参与方拒绝履行或不完全履行相关合同约定的各自义务、拒绝承担相应责任而给项目造成损害的危险。违约风险存在的前提是要有一份项目参与方的合作协议，所以协议内容的确定一定要审慎
4	税收调整	中央或地方税收政策变更给 PPP 项目带来的风险。税收政策关系到项目的直接收益，其调整必然带来项目收益的变化
5	合同风险	项目合同各参与方的权责利分担不合理或者不明晰，导致 PPP 项目在实施时没有具体的协议可遵循，或者发生纠纷不能及时有效处理，最终造成项目受损

（三）金融风险

PPP 融资模式的金融风险主要包括利率风险、汇率风险和通货膨胀风险等，具体内容见表 6－9。

表 6－9　　宏观层面金融风险主要内容

序号	风险名称	具体含义
1	利率风险	利率风险是指在项目的建设和运营过程中，由于利率变动直接或间接地带来项目投资成本的增加和项目收益受到损失的风险。因为 PPP 项目一般投资金额巨大，投资周期长，所以利率风险的影响非常大，应该给予重视
2	汇率风险	汇率风险又称外汇风险，既包括项目因汇率变动而蒙受损失的可能性，也包括外汇不能兑换所带来的风险。PPP 项目如果在国外发展会有此风险。汇率风险突出表现在汇率管制措施较为严格的国家
3	通货膨胀风险	因物价总水平的上升所带来的货币购买力下降、投资成本上升的风险。通货膨胀风险会使得原材料价格和员工工资上涨，这就会导致项目建设成本和运营成本的上涨。通货膨胀风险一般都会通过在协议中设置调价条款来进行防范，但如果调价比例跟不上成本上涨的比例，项目的利益仍会受损。而调价比例的合理设置则需要精确预估未来的通货膨胀，而这会比较困难

二、中观层面风险识别

中观层面风险是指一些内生变量引起的风险事件，风险发生和结果作用于项目的系统边界内，中观层面与宏观层面是相对应的，主要包括建设项目从融资、设计、建设到运营的整个生命周期中的内生风险。具体风险可以有项目的可行性分析、选址分析、设计项目、施工及技术等方面的风险，具体内容见表6-10。

表6-10　　中观层面风险主要内容

序号	风险名称	具体含义
1	土地获得风险	土地获得风险不仅仅指能否获得土地所有权的风险，还包括是否能按照预期成本及时获得土地的风险。这直接关系到项目的启动、成本和进度
2	工程建设变更	是指由于前期设计失误导致的项目可实施性差，或是对项目的建设标准有了新的要求，需要各合作方重新签订项目协议的风险
3	融资风险	融资风险包括不能及时融到资金的风险和所得资金成本超过预期的风险。如果不能及时获得建设资金，项目就无法正常启动和继续进行：如果获得的资金成本过高，则会导致项目的收益降低
4	地质与文物保护	项目用地发现历史文物，或发现工程建设会影响到该地地质，会导致项目工期延长、成本增加
5	环保风险	环保风险是指政府部门或社会团体集体要求提高该项目的环保标准所导致的项目实施成本上升的风险。环保风险所带来的成本不仅仅是建设阶段的风险，当项目已经完成时，如果项目达不到环保标准，仍然会有追加成本的问题。项目改建后仍不能达到环保要求，就会面临被遗弃或拆除的风险，这不仅会影响各合作方的利益，还会造成社会资源的极大浪费
6	供应风险	供应风险是指项目因各种原材料、机械设备等不能及时供应或人员不能按时到位而遭受的损失

续表

序号	风险名称	具体含义
7	技术风险	技术风险是指技术不足以完成既定标准的项目或者虽能完成项目但成本较高的风险。需要寻找更加合适的公司来承接该项目的建设工作，或者等待该公司追加投资来进行相应的技术改造。从深层次讲，技术风险是人的风险，人员素质的高低往往直接关系着项目收益大小。技术因素影响的不仅仅是项目是否完工，是否会增加成本，有时候甚至关系着项目是否能够启动的问题
8	完工风险	完工风险是指项目无法按时、按质完成的风险，由整个项目过程中的某种风险或某几种风险的组合引起。具体表现为工期拖延、项目投产后的效果达不到预期目标，项目甚至不能启动或中途夭折。完工风险是损害比较大的风险，其影响不仅仅是项目本身，因为如果项目不能按照原定计划建成投产，整个项目的生存基础就遭到了破坏，项目的预期现金流就会大大减少甚至中断，最终导致项目投入资金无法偿还、人员报酬无法发放
9	不可抗力风险	不可抗力风险是指项目参与方不能预见且无法克服和避免的事件给项目带来的损害或毁灭性风险等。一般情况下，不可抗力风险造成的危害很大，很可能导致 PPP 项目工程延期甚至失败，即便建成也可能不能正常运行

三、微观层面风险识别

微观层面风险属于建设项目的内部风险，与中观层面风险的不同主要体现在：该层面的风险是基于人的有限性和合约的不完备性，针对政府部门和私人机构，参与方各自存在不同利益追求时发生的风险。各个利益主体在建设项目运作过程中，彼此协调其各自由于角度的不同而产生的风险。该风险不是由于建设项目自身造成的，而是建设项目的参与各方形成的合作关系风险及第三方风险。主要是指建设项目建成后能否在市场需求和价格变化的情况下按时保质保量提供公共物品，能否按照预定计划运营预期年限，能否有足够现金流偿还债务和支付费用的风险，具体内容见表6－11。

表6－11　　　　微观层面风险主要内容

序号	风险名称	具体含义
1	类似项目竞争风险	由于规划不合理或其他原因，可能出现政府或其他投资者新建类似项目的情况，这会对该已建成项目形成实质性的竞争，分流该项目的需求，导致项目资金无法顺利回收
2	市场需求风险	需求风险是指项目在建设时可能面临着很大的需求，但是随着项目的建成，或者运营到一定期限后，对项目提供的产品或服务的需求可能会发生变化。例如，收费高速公路，如果车流量急剧减少，很可能无法维持其运营成本。影响市场需求的因素有很多，包括类似项目的竞争，人们生活习惯的改变，宏观经济环境的变化和人口变化等
3	供给能力不足风险	供给能力不足的风险可能是因为建成的项目没有达到预期的目标，又或者是市场需求急剧增加。后者从项目本身来看是没有问题的，但是我们应该明确建设该项目是为了满足现实的市场需求，所以无论是项目有没有达到预期目标，还是市场需求发生了急剧变化，最终的结果都是该项目提供的公共物品或服务无法满足现实市场需求

续表

序号	风险名称	具体含义
4	运营期长期停工风险	由于原材料、能源无法按时到位及运营资金不足等因素造成的项目长时间无法正常运营的风险，项目的长时间停工必然会带来损失。项目提供的公共物品的价格定位不合理所导致的项目运营收益低于预期。价格定位不合理，包括价格过高、过低、缺乏弹性。过高价格之所以可能导致项目收益低于预期，是因为过高的价格很可能会减少产品或服务的需求总量，进而减少项目的总体运营收益。因此，设置合理的供给价格非常重要。由于 PPP 项目期限一般较长，所以应设置合理灵活的调价规则
5	费用支付风险	费用支付风险是指由于一系列因素的影响所导致的项目应收费用无法按时按量回收的风险
6	产品损失风险	产品损失风险是指 PPP 项目产品从生产到最终消费的过程中发生的损失或损耗，例如，运输过程的损耗、产品丢失等情况
7	运营成本增加风险	在项目运营过程中，项目很可能面临资金成本上升、人力成本增加、公众要求提高其产品和服务质量等情况，进而使得项目的运营成本大大提高。但这只是显性运营成本的增加，在显性之外，因为 PPP 项目中存在委托代理关系，所以还有各种各样的道德风险导致的隐性成本的上升，因为政府部门和私人部门开展项目都是有目的的，所以他们有隐藏对自己不利信息的动机，使得公众很难对其行为进行有效监督，进而加大了项目风险。所以隐性的风险也是需要关注的，并且有必要设计出一套公开、透明、高效的风险管理机制
8	残值风险	残值风险是指项目在移交时其价值远低于预期，这可能是因为建设项目本身质量未达到预期标准，或者是项目设施在运营期间没有被合理地使用，还可能是因为市场需求变化导致的项目内在价值的降低

第五节

建设项目 PPP 融资模式风险识别案例

一、案例概况

（一）项目名称

项目名称是 SZ 市污水治理 PPP 项目。SZ 市是鄂西北重要的交通枢纽和区域中心城市，流经 SZ 市的 H 江就是南水北调中线的水源地。从 1994 年开始，SZ 市政府就着手开始治理城市污水，保护 H 江水体水质，解决城市污水对 H 江环境的污染问题。

（二）项目背景

SZ 市城市污水治理 BOT 项目包含两个子项目，即 SZ 市 A 污水处理厂（10 立方米/日）BOT 项目和 SZ 市 B 污水处理厂（20 立方米/日）BOT 项目，于 2004 年开始前期的筹建工作，包括厂区部分和配套的污水截污管道，总处理规模为 30 立方米/日，处理后的城市污水能达到《城镇污水处理厂污染物排放标准》（GB08918 －2002）的要求。

（三）项目目标

项目目标：缓解政府投资压力，增强水务建设投资的后续能力；更换运营机制，激发企业活力；加快污水处理建设步伐，配合南水北调中线工程建设；缓解政府投资压力，增强水务建设投资的后续能力。

二、交易结构

SZ 市污水治理 PPP 项目交易结构，如图 6－2 所示。

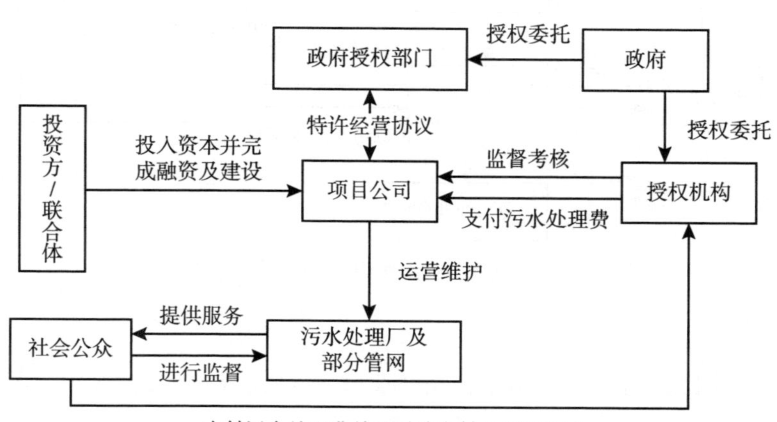

图 6－2　SZ 市污水治理 PPP 项目交易结构

特许经营权的授权主体是经政府授权的市政公用事业管理部门或行业监管部门；特许经营权的授予对象是由投资者组建的项目公司，而不是单个投资者或投资联合体；授权机构代表政府向项目公司购买污水处理服务并支付相应的污水处理服务费，同时履行服务监管职能。

三、投融资结构

SZ 市污水治理 PPP 项目投融资结构，如图 6－3 所示。

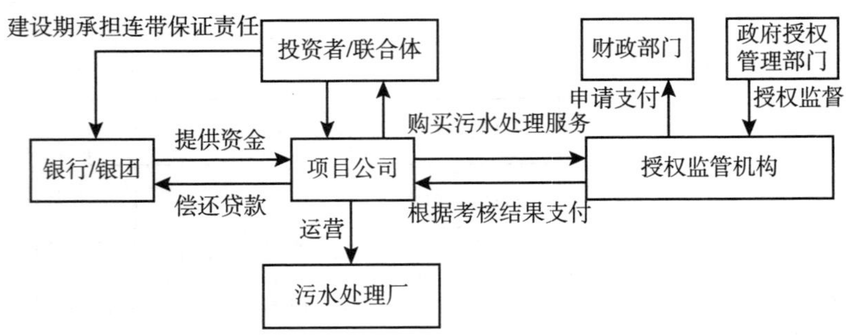

图 6－3　SZ 市污水治理 PPP 项目投融资结构

项目公司自有资本金比例不低于项目投资总额的 30%，运营期间，对项目公司的运营质量进行考核，根据考核结果按预先确定的考核细则结算污水处理服务费。

四、风险管理

SZ 市污水治理 PPP 项目政府监管体系，如图 6 - 4 所示。

SZ 市污水治理 PPP 项目风险管理情况，如表 6 - 12 所示。

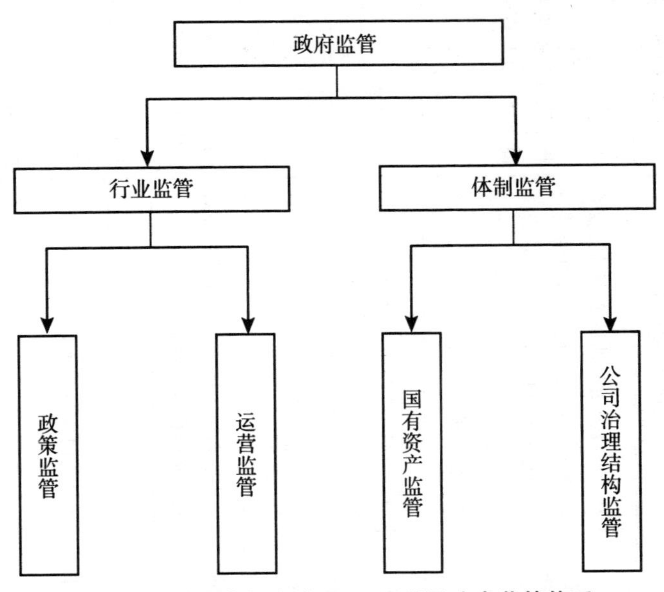

图 6 - 4　SZ 市污水治理 PPP 项目政府监管体系

表 6 – 12　SZ 市污水治理 PPP 项目风险管理

风险分类	风险表现形式	风险管理方法	适宜管理者	对应法律协议
公共政策及法律法规变化风险	有关市政公用基础设施项目的监管政策（如国家或地方明确的特许权制度规定出台）涉及污水处理的土地、水务、环保标准等方面的法律法规的不利变化	规定明确的补偿机制或协商谈判原则与机制	招商方/投资人	特许经营协议
通货膨胀风险	包括电力、药剂、工资及管理费用等在内的综合物价费用的上涨	调价公式	招商方/投资人	服务协议
金融风险	利率、汇率变化	签订固定利率远期贷款合同，购买远期汇率产品	投资人	贷款协议
不可抗拒的自然风险	地震、台风、冰雹等造成项目停运或影响项目运转效率	购买财产一切险、机器停运险等商业保险	保险公司	保险合同
政府支付风险	无法按时支付污水处理服务费	明确招商人污水费来源和支出专向特征；建立污水费特别账户；按月付费、按年结算	招商人	服务协议

续表

风险分类	风险表现形式	风险管理方法	适宜管理者	对应法律协议
非竞争性风险	地方政府在邻近地区建设另一座类似处理设施的风险	明确对同一区域内的竞争性项目不予审批，并做出非竞争性承诺	招商人	特许经营协议
污水水量风险	污水进水水量因为管网建设进度延后，服务区域的季节性流动导致的水量变动	给予投资人水量承诺	招商方	服务协议
污水水质风险	污水进水水质浓度超过本项目的工艺处理能力	作为不可抗力事件，投资人免于履约的事由	招商人	服务协议
融资风险	无法按计划的利息成本、进度和金额完成项目融资	提前接触银行等融资机构，尽早开始项目评估	投资人	贷款协议
运营风险	由于运营技术管理不到位，导致污水出水不达标 机器维养无法达标，导致设备加速损耗，提前进入重置期 厂内发生火灾等人为灾害	严格运营管理，加强人员培训 定期实施资产完备性检查 投保商业保险	投资人	贷款协议

第六节

建设项目 PPP 融资模式风险应对方式

通过对项目融资风险的识别，对不同类型的风险，应该采取不同的处理方式，主要有风险预防、风险分担、风险自留、风险转移、风险回避和风险监控。建设项目 PPP 融资模式风险应对方式，如图 6－5 所示。

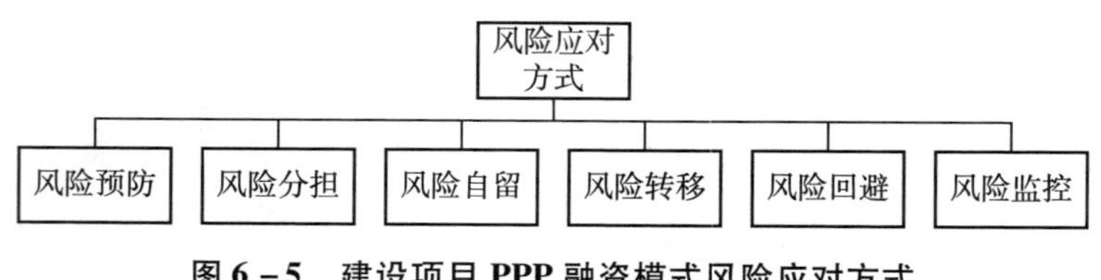

图 6－5　建设项目 PPP 融资模式风险应对方式

一、风险预防

风险预防是指为了减小风险发生的概率或风险发生后的损失、损害及损害程度，需要在风险发生之前，根据具体情况判断可能产生的风险，并采取的一定预防措施。因此，建设项目 PPP 融资模式在项目开始运行之前或初期阶段，需要明确项目参与各方的权利和义务，发挥参与各方的自身优势，特别是对于政府部门，需要从传统的建设项目的运营者转向建设项目的监管者，在这个转变的过程中，政府部门需要对 PPP 项目的整个实施过程进行顶层设计，这是风险预防环节的主要内容，通过顶层设计可以进行制度化建设，同时进行项目规划性设计，这样可以将风险的发生概率尽可能降低。

二、风险分担

风险分担是建设项目各方参与者通过合同或协议的方式，将建设项目中可能出现的各种风险因素进行合理的分配。风险分担有利于在建设项目各方参与者之间合理分配项目的权利和义务，通过合理分配，有利于建设项目各方参与者聚焦本方所应该承担的各类风险，这样可以节约整体项目的风险管理成本，同时可以最大限度地减小风险发生的概率，通过风险分担，达到建设项目的各方参与者实现共赢互利的目标。

对于不同的建设项目，应根据具体特征及具体情况，选取合适的 PPP 模式，然后，对项目中可能存在的各种风险通过制定一套适合该项目的风险分配流程，在相关法律法规的基础之上进行分配，通过这样的分配流程，可以在新风险出现或原有风险发生一定变化时应对具体出现的问题。风险分担需要在合同中通过合同条款来界定，合同双方在风险发生时，可以按照合同中具体的约定，履行其各自的义务，对已经发生的风险进行合理分担。风险分担的关键点是如何在建设项目的各方参与者间进行风险分配，这不仅要符合项目的整体要求，同时也要兼顾到建设项目的各个参与方的具体利益。

风险分担的合理性体现在以下两个方面：一是尽可能降低风险分配的结果，减少风险发生的概率，降低与风险相关的损失；二是建设项目的各个参与方有能力控制分配给自己的风险。

三、风险自留

风险自留是建设项目自身主动承担风险及其带来的诸多损失，特点是风险损失由项目自身弥补。

风险自留方式可分为有计划和没有计划两种方式。没有计划的风险自留是基于以下原因：在风险识别中没有确认；保险公司的投保额不能偿付所发生的损失；投保的保险公司因某些特殊情况不能对风险进行赔偿；出现的风险因素在合同条款之外等。

有计划的风险自留，主要基于以下原因：对于没有办法转移出去的风险，只能由建设项目自身来处理；建设项目管理者对于出现的具体风险，通过分析，认为自身承担其成本最小，则采取风险自留的方式。

风险自留的主要途径有：在建设项目日常的经营成本中摊入风险损失；设立针对该建设项目的意外损失基金，通过基金解决风险损失问题；可通过从银行贷款或母公司借款等途径承担风险损失。

同时，政府部门需要设置专门的风险管理部门，这将需要做大量的基础性调查工作，通过这些工作，对建设项目进行全程动态监控。

四、风险转移

风险转移是风险管理中最有效的一种手段，主要通过将建设项目中可能出现的风险和风险引发的损失转移出去。目前，常见的风险转移途径就是通过购买保险公司的保险。项目公司通过和保险公司签订合同，向保险公司支付一定的保险费用，将建设项目中可能会出现的某一类风险及其造成的损失完全或部分的转移给保险公司，这样达到风险转移的目的。应该注意，并不是所有风险都可以通过购买保险得到转移，这种风险转移的方式，还具有一定局限性。另外一种风险转移方式是非保险方式，主要是通过和项目合作方或第三方签订经济合同，将相应的风险转移出去。

五、风险回避

风险回避是指放弃某项决策或调整某项方案的决定，这种放弃或调整是在完成建设项目风险识别和风险评估，然后综合考虑建设项目自身实际情况及其对某种具体风险的承受能力的基础之上做出的，从而达到规避具体风险的目的。

风险回避的优点体现在以下两点：一是该种方式是通过某种妥协，来规避某种风险的发生，效率较高；二是风险回避在项目前期，做了大量工作，可节省人力和物力资源，减少浪费。

同时风险回避也存在一定的不足：一是该种方式是为了回避某种风险而做出的放弃某项决策和调整某种方案，建设项目的管理者必然在某方面做出了较大的让步，例如某建设项目，在台风季停工，通过该方式回避人员安全风险，这样必然会牺牲部分工期；二是风险回避是针对某一种或某一类风险进行的，不能够实现全部风险的回避，这种方式有一定的局限性。

同时风险回避方式，要求建设项目管理者对风险的认识度非常高，如果建设项目管理者对风险的认识不够准确，做出的风险规避是一种无效的规避，则过度规避也是一种浪费。

六、风险监控

风险监控属于积极主动型风险应对方式，监控内容不仅涉及风险发生前，同时也涉及风险发生后，通过风险监控，能在某种程度上降低风险发生的概率，尽可能减少风险导致的损失。

风险发生前，应采取有效的预防措施，降低风险发生的可能性或者减少风险发生后可能造成的损失；风险发生后，应采取有效的控制措施，尽可能缩小风险影响范围，尽量减少风险的损失程度，尽量弥补风险造成的损失。基于以上分析，对事前预防措施和对事后减免措施的有机结合就形成风险监控方案。

对于事前预防的措施，主要包括组织措施、技术措施、合同措施，这些措施的实施可以通过风险管理委员会来进行管理，主要涉及的风险管理内容包括：项目风险控制和管理，持续监控已识别风险，识别可能发生的新风险，评估风险应对措施的有效性，完善风险控制措施，制定严格的风险管理制度，开展风险教育，增强风险意识和风险应对能力等内容。

第七章

建设项目 PPP 融资模式财务管控

第一节 PPP 融资模式运作流程

政府部门作为 PPP 模式中重要的参与方，在项目建设的全过程，担当着监督者、督导者、合作方等多种角色，认真分析政府部门在项目运作不同阶段的不同角色，对促进项目的完成有着重要的指导意义。

一、各方参与者

基础设施 PPP 融资模式的各参与方在项目运作过程中发挥

着不同的作用①，PPP 融资模式合作关系如图 7－1 所示。

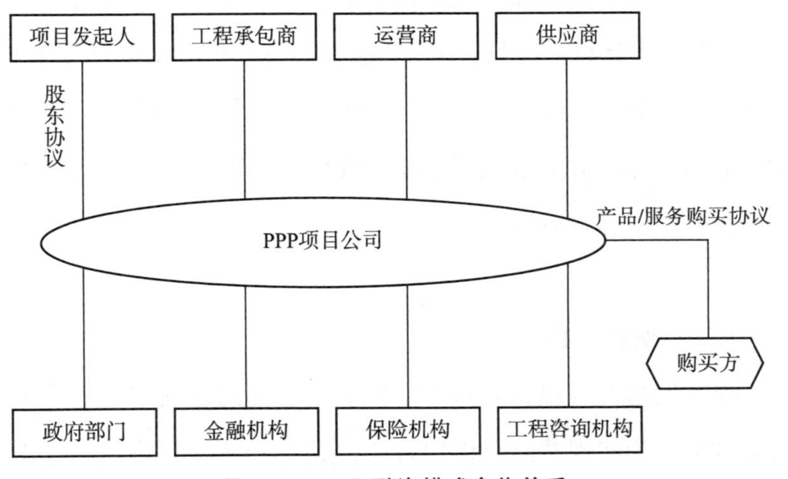

图 7－1　PPP 融资模式合作关系

（一）政府方

根据 PPP 项目运作方式和社会资本参与程度的不同，政府在 PPP 项目中所承担的具体职责也不同。总体来讲，在 PPP 项目中，政府需要同时扮演以下两种角色：

（1）作为公共事务的管理者，政府负有向公众提供优质且价格合理的公共产品和服务的义务，承担 PPP 项目的规划、采购、管理、监督等行政管理职能，并在行使上述行政管理职能

① 金诺律师事务所．政府和社会资本合作（PPP）全流程指引［M］．北京：法律出版社，2015.

时形成与项目公司（或社会资本）之间的行政法律关系。

（2）作为公共产品或服务的购买者（或者购买者的代理人），政府基于 PPP 项目合同形成与项目公司（或社会资本）之间的平等民事主体关系，按照 PPP 项目合同的约定行使权利、履行义务。政府或政府授权机构作为 PPP 项目合同的一方签约主体时，称为政府方。

（二）项目发起人

项目发起人（或称私营部门）和政府部门在确定投资决策的基础上，为实现共同合作的目的，成立 PPP 项目公司。这里的“发起人”可以为一家企业，或者是联合了多家企业的组织形式。联合形式在 PPP 项目实际操作中，可以发挥每个成员的优势，整体实力更强大，更具有普遍性。通过签订股东协议来确定每个成员在 PPP 项目中的出资比例，以及项目顺利投入运营后可获得的利润分配。

（三）PPP 项目公司

PPP 项目公司是该 PPP 项目的实际运行主体，是为保证该基础设施项目顺利进行而专门成立的具有自主经营权，且自负盈亏的有限责任公司，具有独立法人资格。公司的权益资本来源于项目发起人的投资和政府部门的投资两部分，获取利润的主要途径是运营期项目的收益。PPP 项目公司具有丰富和成熟的管理经验和水平，负责基础设施项目建设运营全过程的所有事务性工作，但不一定直接参与实际建设及运营，可以转交专业的承包商、运营商来完成。PPP 项目公司可以由社会资本（可以是一家企业，也可以是多家企业组成的联合体）出资设立，也可以由政府和社会资本共同出资设立。但政府在项目公司中的持股比例应当低于 50%，且不具有实际控制力及管理权。

（四）金融机构

PPP 项目的融资方通常有商业银行、出口信贷机构、多边金融机构（如世界银行、亚洲开发银行等）以及非银行金融机构（如信托公司）等。根据项目规模和融资需求的不同，融资方可以是一两家金融机构，也可以是由多家银行或机构组成的银团，具体的债权融资方式除贷款外，也包括债券、资产证券化等。

（五）承包商和分包商

在 PPP 项目中，承包商和分包商的选择是影响工程技术成败的关键因素，其技术水平、资历、信誉以及财务能力在很大程度上会影响贷款人对项目的商业评估和风险判断，是项目能否获得贷款的一个重要因素。承包商主要负责项目的建设，通常与项目公司签订固定价格、固定工期的工程总承包合同。一般而言，承包商要承担工期延误、工程质量不合格和成本超支等风险。对于规模较大的项目，承包商可能会与分包商签订分包合同，把部分工作分包给专业分包商。

（六）运营商

根据不同 PPP 项目运作方式的特点，项目公司有时会将项目部分的运营和维护事务交给专业运营商负责。但根据项目性质、风险分配以及运营商资质能力等不同，专业运营商在不同项目中所承担的工作范围和风险也会不同。例如，在一些采用政府付费机制的项目中，项目公司不承担需求风险或仅承担有限需求风险，可能会将大部分的运营事务交由专业运营商负责；而在一些采用使用者付费机制的项目中，由于存在较大需求风险，项目公司可能仅仅会将部分非核心的日常运营管理事务交由专业运营商负责。

（七）供应商

在一些 PPP 项目中，原料的及时、充足、稳定供应对于项目的平稳运营至关重要，因此原料供应商也是这类项目的重要参与方之一。

（八）购买方

在包含运营内容的 PPP 项目中，项目公司通常通过项目建成后的运营收入来回收成本并获取利润。为了降低市场风险，在项目谈判阶段，项目公司以及融资方通常都会要求确定项目产品或服务的购买方，并由购买方与项目公司签订长期购销合同以保证项目未来的稳定收益。

（九）保险公司

由于 PPP 项目通常资金规模大、生命周期长，在项目建设和运营期间面临着诸多难以预料的各类风险，因此项目公司以及项目的承包商、分包商、供应商、运营商等通常均会就其面临的各类风险向保险公司进行投保，以进一步分散和转移风险。同时，由于项目风险一旦发生就有可能造成严重的经济损失，因此 PPP 项目对保险公司的资信有较高要求。

（十）工程咨询机构

基础设施 PPP 项目运行中还存在一些其他参与方，最常见的是中介咨询机构，如工程咨询机构。工程咨询机构为项目业主提供科学、合理的决策依据。在基础设施 PPP 项目运行过程中，通常会聘请专业的工程咨询机构对项目的建设方案、建设规模、生产工艺、市场前景、融资方案、经济及财务分析等方面进行可行性分析，为 PPP 项目公司对项目的全局管理决策提供指导性意见。对于重大基础设施建设项目，审批部门将该项目的可行性研究报告作为审批依据，为政府寻求可靠的合伙投资方作保障。

二、合作关系

（一）特许权协议

政府和 PPP 项目公司之间的合作关系主要体现为特许权协议。特许权协议关系到 PPP 项目能否顺利进行，是 PPP 项目的合同管理文件的核心，是运营维护合同、产品购买/服务协议、承包合同、银行或其他金融机构的贷款合同等其他合同建立的基础依据。特许权协议中最关键的是特许期限，除此之外一般还包括：特许期限、特许经营范围、融资方案、项目的建设、运营及维护、收费条款、建成后移交条款等等。①

（二）股东协议

股东协议中应明确 PPP 项目公司的股权结构，即各股东认购的股份比例、利润分配比例，各股东承担的责任依据股权分

① 任婧．基础设施 PPP 项目中的政府角色研究［D］．天津大学，2014.

配，以注册资本为限。

（三）工程承包合同

在实际项目建设中，PPP 项目公司通常将该项目的设计建造工作承包给专业的工程承包商。双方通过工程承包合同建立合作关系，采用固定价格或成本加固定费两种计费方式签订合同。

（四）贷款合同

PPP 项目公司向金融机构借款时，需要与之签订贷款合同。金融机构为确保贷款的安全性，要求借款人提供财产抵押或由政府部门出面为该项目提供担保承诺。在基础设施 PPP 项目中，政府部门通常会提供担保，这就要求政府部门在选择合伙的项目发起人时，必须首先考察对方在资金、技术、经营、管理等方面的综合实力。

（五）保险合同

面对 PPP 项目这个复杂庞大系统中的众多不确定性因素，在项目运作过程中，必须有保险公司的参与。在保险合同的前提下，一旦有事故发生，PPP 项目公司可以按照合同条款获得保险金赔偿，以弥补经济损失。这在一定程度上可以起到降低风险的作用。

（六）其他合同

PPP项目公司与供应方、购买方、运营商及其他参与方签订的合同统称为其他合同，如产品/服务购买协议、原材料供应合同、技术咨询合同等等。

三、运作流程

财政部PPP项目主要操作流程，如图7－2所示。

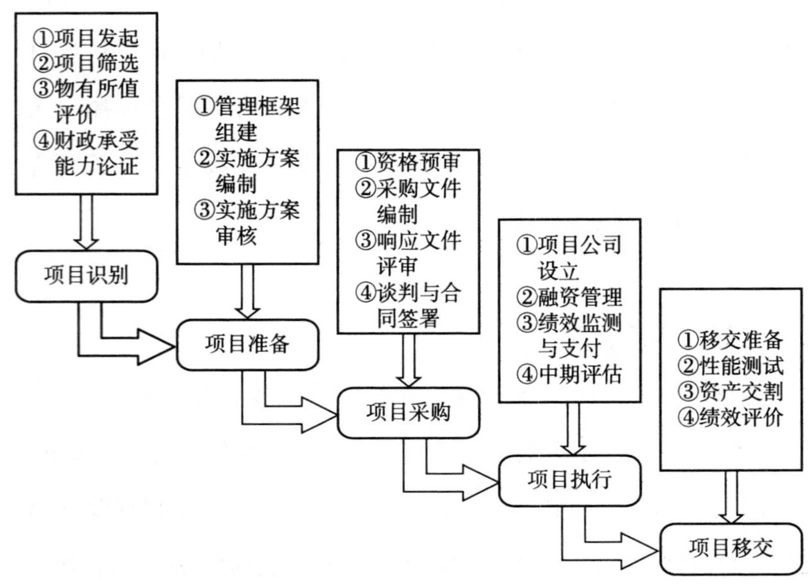

图7－2　财政部PPP项目主要操作流程

（一）项目识别

投资规模较大、需求长期稳定、价格调整机制灵活、市场化程度较高的基础设施及公共服务类项目，适宜采用政府和社会资本合作模式。政府和社会资本合作项目由政府或社会资本发起，以政府发起为主。

1. 项目发起

政府发起。财政部门（政府和社会资本合作中心）应负责向交通、住建、环保、能源、教育、医疗、体育健身和文化设施等行业主管部门征集潜在的政府和社会资本合作项目。行业主管部门可从国民经济和社会发展规划及行业专项规划中的新建、改建项目或存量公共资产中遴选潜在项目。

社会资本发起。社会资本应以项目建议书的方式向财政部门（政府和社会资本合作中心）推荐潜在的政府和社会资本合作项目。

2. 项目筛选

财政部门（政府和社会资本合作中心）会同行业主管部门，对潜在的政府和社会资本合作项目进行评估筛选，确定备选项目。财政部门（政府和社会资本合作中心）应根据筛选结果制订项目年度和中期开发计划。

对于列入年度开发计划的项目，项目发起方应按财政部门

（政府和社会资本合作中心）的要求提交相关资料。新建、改建项目应提交可行性研究报告、项目产出说明和初步实施方案；存量项目应提交存量公共资产的历史资料、项目产出说明和初步实施方案。

3. 物有所值评价

财政部门（政府和社会资本合作中心）会同行业主管部门，从定性和定量两方面开展物有所值评价工作。定量评价工作由各地根据实际情况开展。

定性评价重点关注项目采用政府和社会资本合作模式与采用政府传统采购模式相比能否增加供给、优化风险分配、提高运营效率、促进创新和公平竞争等等。

定量评价主要通过对政府和社会资本合作项目全生命周期内政府支出成本现值与公共部门比较值进行比较，计算项目的物有所值量值，判断政府和社会资本合作模式是否能够降低项目全生命周期成本。

4. 财政承受能力论证

为确保财政中长期可持续性，财政部门应根据项目全生命周期内的财政支出、政府债务等因素，对部分政府付费或政府补贴的项目，开展财政承受能力论证，每年政府付费或政府补贴等财政支出不得超出当年财政收入的一定比例。通过物有所值评价和财政承受能力论证的项目，可进行项目准备。

（二）项目准备

1. 管理框架组建

县级（含）以上地方人民政府可建立专门协调机制，主要负责项目评审、组织协调和检查督导等工作，实现简化审批流程、提高工作效率的目的。政府或其指定的有关职能部门或事业单位可作为项目实施机构，负责项目准备、采购、监管和移交等工作。

2. 实施方案编制

项目实施机构应组织编制项目实施方案，依次对以下内容进行介绍：

（1）项目概况。项目概况主要包括基本情况、经济技术指标和项目公司股权情况等。基本情况主要明确项目提供的公共产品和服务内容、项目采用政府和社会资本合作模式运作的必要性和可行性，以及项目运作的目标和意义。经济技术指标主要明确项目区位、占地面积、建设内容或资产范围、投资规模或资产价值、主要产出说明和资金来源等。项目公司股权情况主要明确是否要设立项目公司以及公司股权结构。

（2）风险分配基本框架。按照风险分配优化、风险收益对等和风险可控等原则，综合考虑政府风险管理能力、项目回报机制和市场风险管理能力等要素，在政府和社会资本之间合理分配项目风险。原则上，项目设计、建造、财务和运营维护等商业风险由社会资本承担，法律、政策和最低需求等风险由政府承担，不可抗力等风险由政府和社会资本合理共担。

（3）项目运作方式。项目运作方式主要包括委托运营、管理合同、建设－运营－移交、建设－拥有－运营、转让－运营－移交、改建－运营－移交等。具体运作方式的选择主要由收费定价机制、项目投资收益水平、风险分配基本框架、融资需求、改扩建需求和期满处置等因素决定。

（4）交易结构。交易结构主要包括项目投融资结构、回报机制和相关配套安排。项目投融资结构主要说明项目资本性支出的资金来源、性质和用途，项目资产的形成和转移等。项目回报机制主要说明社会资本取得投资回报的资金来源，包括使用者付费、可行性缺口补助和政府付费等支付方式。相关配套安排主要说明由项目以外相关机构提供的土地、水、电、气和道路等配套设施和项目所需的上下游服务。

（5）合同体系。合同体系主要包括项目合同、股东合同、融资合同、工程承包合同、运营服务合同、原料供应合同、产品采购合同和保险合同等。项目合同是其中最核心的法律文件。项目边界条件是项目合同的核心内容，主要包括权利义务、交易条件、履约保障和调整衔接等边界。权利义务边界主要明确项目资产权属、社会资本承担的公共责任、政府支付方式和风险分配结果等。交易条件边界主要明确项目合同期限、项目回报机制、收费定价调整机制和产出说明等。履约保障边界主要明确强制保险方案以及由投资竞争保函、建设履约保函、运营维护保函和移交维修保函组成的履约保函体系。调整衔接边界主要明确应急处置、临时接管和提前终止、合同变更、合同展期、项目新增改扩建需求等应对措施。

（6）监管架构。监管架构主要包括授权关系和监管方式。授权关系主要是政府对项目实施机构的授权，以及政府直接或通过项目实施机构对社会资本的授权；监管方式主要包括履约管理、行政监管和公众监督等。

（7）采购方式选择。项目采购应根据《中华人民共和国政府采购法》及相关规章制度执行，采购方式包括公开招标、竞争性谈判、邀请招标、竞争性磋商和单一来源采购。项目实施机构应根据项目采购需求特点，依法选择适当的采购方式。公开招标主要适用于核心边界条件和技术经济参数明确、完整、符合国家法律法规和政府采购政策，且采购中不作更改的项目。

3. 实施方案审核

财政部门（政府和社会资本合作中心）应对项目实施方案进行物有所值和财政承受能力验证，通过验证的，由项目实施机构报政府审核；未通过验证的，可在实施方案调整后重新验证；经重新验证仍不能通过的，不再采用政府和社会资本合作模式。

（三）项目采购

1. 资格预审

项目实施机构应根据项目需要准备资格预审文件，发布资格预审公告，邀请社会资本和与其合作的金融机构参与资格预审，验证项目能否获得社会资本响应和实现充分竞争，并将资格预审的评审报告提交财政部门（政府和社会资本合作中心）备案。

项目有3家以上社会资本通过资格预审的，项目实施机构可以继续开展采购文件准备工作；项目通过资格预审的社会资本不足3家的，项目实施机构应在实施方案调整后重新组织资格预审；项目经重新资格预审合格的社会资本仍不够3家的，可依法调整实施方案选择的采购方式。

资格预审公告应在省级以上人民政府财政部门指定的媒体上发布。资格预审合格的社会资本在签订项目合同前资格发生变化的，应及时通知项目实施机构。

资格预审公告应包括项目授权主体、项目实施机构和项目名称、采购需求、对社会资本的资格要求、是否允许联合体参与采购活动、拟确定参与竞争的合格社会资本的家数和确定方法，以及社会资本提交资格预审申请文件的时间和地点。提交资格预审申请文件的时间自公告发布之日起不得少于15个工作日。

2. 采购文件编制

项目采购文件应包括采购邀请、竞争者须知（包括密封、签署、盖章要求等）、竞争者应提供的资格、资信及业绩证明文件、采购方式、政府对项目实施机构的授权、实施方案的批复和项目相关审批文件、采购程序、响应文件编制要求、提交响应文件截止时间、开启时间及地点、强制担保的保证金交纳数额和形式、评审方法、评审标准、政府采购政策要求、项目合同草案及其他法律文本等。

采用竞争性谈判或竞争性磋商采购方式的，项目采购文件除上款规定的内容外，还应明确评审小组根据与社会资本谈判情况可能发生实质性变动的内容，包括采购需求中的技术、服务要求以及合同草案条款。

3. 响应文件评审

评审小组由项目实施机构代表和评审专家共5人以上单数组成，其中评审专家人数不得少于评审小组成员总数的2/3。评审专家可以由项目实施机构自行选定，但评审专家中应至少包含1名财务专家和1名法律专家。项目实施机构代表不得以评审专家身份参加项目的评审。

项目采用公开招标、邀请招标、竞争性谈判、单一来源采购方式开展采购的，按照政府采购法律法规及有关规定执行。

项目采用竞争性磋商采购方式开展采购的，按照下列基本程序进行：

（1）采购公告发布及报名。竞争性磋商公告应在省级以上人民政府财政部门指定的媒体上发布。竞争性磋商公告应包括项目实施机构和项目名称、项目结构和核心边界条件、是否允许未进行资格预审的社会资本参与采购活动，以及审查原则、项目产出说明、对社会资本提供的响应文件要求、获取采购文件的时间、地点、方式及采购文件的售价、提交响应文件截止时间、开启时间及地点。提交响应文件的时间自公告发布之日起不得少于10日。

（2）资格审查及采购文件发售。已进行资格预审的，评审小组在评审阶段不再对社会资本资格进行审查。允许进行资格后审的，由评审小组在响应文件评审环节对社会资本进行资格审查。项目实施机构可以视项目的具体情况，组织对符合条件的社会资本的资格条件，进行考察核实。采购文件售价，应按照弥补采购文件印制成本费用的原则确定，不得以赢利为目的，不得以项目采购金额作为确定采购文件售价依据。采购文件的发售期限自开始之日起不得少于5个工作日。

（3）采购文件的澄清或修改。提交首次响应文件截止之日前，项目实施机构可以对已发出的采购文件进行必要的澄清或修改，澄清或修改的内容应作为采购文件的组成部分。澄清或修改的内容可能影响响应文件编制的，项目实施机构应在提交首次响应文件截止时间至少 5 日前，以书面形式通知所有获取采购文件的社会资本；不足 5 日的，项目实施机构应顺延提交响应文件的截止时间。

（4）响应文件评审。项目实施机构应按照采购文件规定组织响应文件的接收和开启。评审小组对响应文件进行两阶段评审：

第一阶段：确定最终采购需求方案。评审小组可以与社会资本进行多轮谈判，谈判过程中可实质性修订采购文件的技术、服务要求以及合同草案条款，但不得修订采购文件中规定的不可谈判核心条件。实质性变动的内容，须经项目实施机构确认，并通知所有参与谈判的社会资本。具体程序按照《政府采购非招标方式管理办法》及有关规定执行。

第二阶段：综合评分。最终采购需求方案确定后，由评审小组对社会资本提交的最终响应文件进行综合评分，编写评审报告并向项目实施机构提交候选社会资本的排序名单。具体程序按照《政府采购货物和服务招标投标管理办法》及有关规定执行。

项目实施机构应在资格预审公告、采购公告、采购文件、采购合同中，列明对本国社会资本的优惠措施及幅度、外方社会资本采购我国生产的货物和服务要求等相关政府采购政策，以及对社会资本参与采购活动和履约保证的强制担保要求。社会资本应以支票、汇票、本票或金融机构、担保机构出具的保函等非现金形式缴纳保证金。参加采购活动的保证金的数额不得超过项目预算金额的 2%。履约保证金的数额不得超过政府和社会资本合作项目初始投资总额或资产评估值的 10%。无固定资产投资或投资额不大的服务型合作项目，履约保证金的数额不得超过平均 6 个月的服务收入额。

项目实施机构应组织社会资本进行现场考察或召开采购前答疑会，但不得单独或分别组织只有一个社会资本参加的现场考察和答疑会。

4. 谈判与合同签署

项目实施机构应成立专门的采购结果确认谈判工作组。按照候选社会资本的排名，依次与候选社会资本及与其合作的金融机构就合同中可变的细节问题进行合同签署前的确认谈判，率先达成一致的即为中选者。确认谈判不得涉及合同中不可谈判的核心条款，不得与排序在前但已终止谈判的社会资本进行再次谈判。

确认谈判完成后，项目实施机构应与中选社会资本签署确认谈判备忘录，并将采购结果和根据采购文件、响应文件、补遗文件和确认谈判备忘录拟定的合同文本进行公示，公示期不得少于 5 个工作日。合同文本应将中选社会资本响应文件中的重要承诺和技术文件等作为附件。合同文本中涉及国家秘密、商业秘密的内容不可以公示。

公示期满无异议的项目合同，应在政府审核同意后，由项目实施机构与中选社会资本签署。

需要为项目设立专门项目公司的，待项目公司成立后，由项目公司与项目实施机构重新签署项目合同，或签署关于承继项目合同的补充合同。

项目实施机构应在项目合同签订之日起 2 个工作日内，将项目合同在省级以上人民政府财政部门指定的媒体上公告，但合同中涉及国家秘密、商业秘密的内容除外。

各级人民政府财政部门应当加强对 PPP 项目采购活动的监督检查，及时处理采购活动中的违法违规行为。

（四）项目执行

1. 项目公司设立

社会资本可依法设立项目公司。政府可指定相关机构依法参股项目公司。项目实施机构和财政部门（政府和社会资本合作中心）应监督社会资本按照采购文件和项目合同约定，按时足额出资设立项目公司。

2. 融资管理

项目融资由社会资本或项目公司负责。社会资本或项目公司应及时开展融资方案设计、机构接洽、合同签订和融资交割等工作。财政部门（政府和社会资本合作中心）和项目实施机构应做好监督管理工作，防止企业债务向政府转移。

社会资本或项目公司未按照项目合同约定完成融资的，政府可提取履约保函直至终止项目合同；遇系统性金融风险或不可抗力的，政府、社会资本或项目公司可根据项目合同约定协商修订合同中相关融资条款。

当项目出现重大经营或财务风险，威胁或侵害债权人利益时，债权人可依据与政府、社会资本或项目公司签订的直接介入协议或条款，要求社会资本或项目公司改善管理等。在直接介入协议或条款约定期限内，重大风险已解除的，债权人应停止介入。

3. 绩效监测与支付

项目合同中涉及的政府支付义务，财政部门应结合中长期财政规划统筹考虑，纳入同级政府预算，按照预算管理相关规定执行。财政部门（政府和社会资本合作中心）和项目实施机构应建立政府和社会资本合作项目政府支付台账，严格控制政府财政风险。在政府综合财务报告制度建立后，政府和社会资本合作项目中的政府支付义务应纳入政府综合财务报告。

项目实施机构应根据项目合同约定，监督社会资本或项目公司履行合同义务，定期监测项目产出绩效指标，编制季报和年报，并报财政部门（政府和社会资本合作中心）备案。

政府有支付义务的，项目实施机构应根据项目合同约定的产出说明，按照实际绩效直接通知财政部门向社会资本或项目公司及时足额支付。设置超额收益分享机制的，社会资本或项目公司应根据项目合同约定向政府及时足额支付应享有的超额收益。

项目实际绩效优于约定标准的，项目实施机构应执行项目合同约定的奖励条款，并可将其作为项目期满合同能否展期的依据；未达到约定标准的，项目实施机构应执行项目合同约定的惩处条款或救济措施。

社会资本或项目公司违反项目合同约定，威胁公共产品和服务持续稳定安全供给，或危及国家安全和重大公共利益的，政府有权临时接管项目，直至启动项目提前终止程序。

政府可指定合格机构实施临时接管。临时接管项目所产生的一切费用，将根据项目合同约定，由违约方单独承担或由各责任方分担。社会资本或项目公司应承担的临时接管费用，可以从其应获终止补偿中扣减。

在项目合同执行和管理过程中，项目实施机构应重点关注合同修订、违约责任和争议解决等工作。

（1）合同修订。按照项目合同约定的条件和程序，项目实施机构和社会资本或项目公司可根据社会经济环境、公共产品和服务的需求量及结构等条件的变化，提出修订项目合同申请，待政府审核同意后执行。

（2）违约责任。项目实施机构、社会资本或项目公司未履行项目合同约定义务的，应承担相应违约责任，包括停止侵害、消除影响、支付违约金、赔偿损失以及解除项目合同等。

（3）争议解决。在项目实施过程中，按照项目合同约定，项目实施机构、社会资本或项目公司可就发生争议且无法协商达成一致的事项，依法申请仲裁或提起民事诉讼。

4. 中期评估

项目实施机构应每3~5年对项目进行中期评估，重点分析项目运行状况和项目合同的合规性、适应性和合理性；及时评估已发现问题的风险，制定应对措施，并报财政部门（政府和社会资本合作中心）备案。

政府相关职能部门应根据国家相关法律法规对项目履行行政监管职责，重点关注公共产品和服务质量、价格和收费机制、安全生产、环境保护和劳动者权益等。

社会资本或项目公司对政府职能部门的行政监管处理决定不服的，可依法申请行政复议或提起行政诉讼。

政府、社会资本或项目公司应依法公开披露项目相关信息，保障公众知情权，接受社会监督。

社会资本或项目公司应披露项目产出的数量和质量、项目经营状况等信息。政府应公开不涉及国家秘密、商业秘密的政府和社会资本合作项目合同条款、绩效监测报告、中期评估报告和项目重大变更或终止情况等。

社会公众及项目利益相关方发现项目存在违法、违约情形或公共产品和服务不达标准的，可向政府职能部门提请监督检查。

（五）项目移交

1. 移交准备

项目移交时，项目实施机构或政府指定的其他机构代表政府收回项目合同约定的项目资产。

项目合同中应明确约定移交形式、补偿方式、移交内容和移交标准。移交形式包括期满终止移交和提前终止移交；补偿方式包括无偿移交和有偿移交；移交内容包括项目资产、人员、文档和知识产权等；移交标准包括设备完好率和最短可使用年限等指标。

采用有偿移交的，项目合同中应明确约定补偿方案；没有约定或约定不明确的，项目实施机构应按照“恢复相同经济地位”原则拟定补偿方案，报政府审核同意后实施。

2. 性能测试

项目实施机构或政府指定的其他机构应组建项目移交工作组，根据项目合同约定与社会资本或项目公司确认移交情形和补偿方式，制订资产评估和性能测试方案。

项目移交工作组应委托具有相关资质的资产评估机构，按照项目合同约定的评估方式，对移交资产进行资产评估，作为确定补偿金额的依据。

项目移交工作组应严格按照性能测试方案和移交标准对移交资产进行性能测试。性能测试结果不达标的，移交工作组应要求社会资本或项目公司进行恢复性修理、更新重置或提取移交维修保函。

3. 资产交割

社会资本或项目公司应将满足性能测试要求的项目资产、知识产权和技术法律文件，连同资产清单移交项目实施机构或政府指定的其他机构，办妥法律过户和管理权移交手续。社会资本或项目公司应配合做好项目运营平稳过渡相关工作。

4. 绩效评价

项目移交完成后，财政部门（政府和社会资本合作中心）应组织有关部门对项目产出、成本效益、监管成效、可持续性、政府和社会资本合作模式应用等进行绩效评价，并按相关规定公开评价结果。评价结果作为政府开展政府和社会资本合作管理工作决策的参考依据。

第二节

PPP 融资模式财务管控的应用

一、PPP 融资模式前期财务管控

（一）政府财务管控的内容

在基础设施与公用事业建设项目，PPP 模式被广泛使用，由于 PPP 项目具有正外部性的特性，这必然要求政府部门要基于该类项目的社会效益、经济可行性和市场需求做出判断，这种判断不是为了追求政府任期内的政绩而形成的过度投资。在 PPP 项目前期，政府的财务管控具体实施内容见表 7－1。

表 7－1　　PPP 融资模式前期政府财务管控内容

序号	财务管控名称	具体实施内容
1	项目财务可行性分析	①对项目相关经济指标的测算 ②判别项目的经济指标对社会资本的吸引力 ③考虑是否设定相关优惠政策，以积极引导社会资本方参与

续表

序号	财务管控名称	具体实施内容
2	项目物值评估	①在定量分析上，首先需要从政府已往类似项目投资费用、竞争性中立调整和风险三个方面出发建立公共部门比较值作为政府提供项目的标杆成本，再将其与社会资本投标方案进行比较以反映 PPP 模式能否降低项目全生命周期成本 ②在定性分析上则一般采用问卷调查或专家访谈法关注采用 PPP 模式是否更有利于增加供给、优化风险分配、提高运营效率、促进创新和公平竞争等 ③政府部门一方面有必要加大力度完善相关制度，将评价流程完整化、评价指标系统化；另一方面还需在评价执行过程中将影响决策的项目信息进行充分披露，对相关财政预算安排与激励措施，如划拨土地、低回报要求的投资、项目唯一性承诺与其他便于项目执行的批示等提前做出基本规划
3	财政承受能力评价	①财政承受能力分析和数理模型的制度化建设以及政府财务报表体系的重构 ②将政府每年应承担的支出责任进行分类核算并与其每一年度的一般公共预算支出进行比较 ③确定一定时期内政府对 PPP 项目的回购最大值
4	办理项目相关合法性手续	重点办理项目立项及立项审批、环评、编制工程可行性研究报告及工程用地规划和审批等

1. 项目财务可行性分析

由于实践中基础设施项目多为政府发起，因此政府部门有责任承担项目的财务可行性分析，但这有别于社会资本所进行的投资决策分析，政府应较少地关注项目的商业效益而更多地考虑最终使用者即公众的利益，以及对区域经济发展的牵引作用，在实现合理规划基础设施整体布局的基础上提供合理的财政预算分配。同时，进行项目的财务可行性分析，重点考察项目的必要性与可能性。

2. 项目物值评估

进行项目物值评估，重点考虑是否应使用 PPP 模式进行项目建设。实施 PPP 模式的主要目的在于提高公共物品供应效率的同时节约财政资源，解决政府资金使用效率不高的矛盾。国际上一般采用物有所值法评价使用 PPP 模式能否实现比传统的公共采购模式更高的效率。由于 PPP 项目的产出表现为可量化和不可量化两方面，一般也认为该方法应分为定量评价和定性评价。[①]

3. 财政承受能力评价

进行财政承受能力评价，重点预测政府未来是否有足够财力回购政府付费的 PPP 项目，避免政府违约。通过合理安排政府预算支出，保证其金额占一般公共预算支出比例低于 10% 的水平。

---

① 王玉. PPP 项目中政府与企业的财务角色定位 [J]. 财务与会计，2017 (22)：55 -57.

4. 办理项目相关合法性手续

重点办理项目立项及立项审批、环评、编制工程可行性研究报告及工程用地规划和审批等。

（二）企业财务管控的内容

企业属于社会资本方，是 PPP 项目的实际操作者，在 PPP 项目前期需开展机会识别、投资决策、参与投标、合同谈判与签约、与政府方组建项目公司、项目融资等一系列工作，企业的财务管控主要定位于投资与融资决策两方面，在 PPP 项目前期，企业财务管控具体实施内容见表 7－2。

表 7－2　PPP 融资模式前期企业财务管控内容

序号	财务管控名称	具体实施内容
1	投资决策分析	①结合自身的主业定位和项目投资所带来的经营效益 ②考虑市场风险、需求状况等因素 ③对项目未来现金流进行预测，通过计算 NRV、IRR 等经济指标来测算参与项目可能获得的财务经济效益
2	项目融资决策	①根据项目投资计划和效益情况，确定总融资额并分摊到每个建设年度 ②制订几套可行的融资方案，进行融资方案比较分析 ③根据项目特点和外部投资环境及企业财务资源占有情况，确定融资方式、选择融资渠道、计算融资成本

1. 投资决策分析

企业应结合政府部门提供的招标书中所规定的项目建设要求和给予的项目相关经济指标，通过对项目投入产出、企业承受能力进行评估，进行 PPP 项目投资决策分析。

2. 项目融资决策

主要考虑项目是否能够通过金融机构融资来解决项目投资资金来源。项目融资决策管理工作应主要包括以下几个步骤：根据项目投资计划和效益情况，确定总融资额并分摊到每个建设年度；制订几套可行的融资方案，进行融资方案比较分析，根据项目特点和外部投资环境及企业财务资源占有情况，确定融资方式、选择融资渠道、计算融资成本。

二、PPP 融资模式运作中的财务管控

（一）政府财务管控内容

在 PPP 项目运作中，政府财务管控主要涉及履行财政支出责任、进行项目审计和进行财务监管，在 PPP 项目运作中，企业财务管控具体实施内容见表 7－3。

表 7 - 3　　PPP 融资模式运作中的政府财务管控内容

序号	财务管控名称	具体实施内容
1	履行财政支出责任	按约支付项目资本金和向社会资本支付 PPP 项目的投资成本和收益等
2	项目审计	①由政府行业主管部门委托第三方会计师事务所从经济利益角度对项目的运作过程和经营成果进行审计 ②政府审计机关则应侧重于项目社会目标的满足以及政府自身在项目中的权利与义务是否在政府账户中得到充分披露和公允反映
3	财务监管	①审查项目资金来源是否合法合规，项目融资计划是否合理 ②审查项目资金是否严格按预算的用途使用，防范资金滞截留、挤占、挪用等违规问题的发生 ③对项目资产与设备的维护和保养状况进行监管，避免项目公司为尽早收回投资获取利润而采取掠夺性的经营方式 ④定期检查项目会计核算情况与会计报表编制情况，检查会计处理是否符合相关准则规定，是否按照财政批复的用途分项核算 ⑤分析项目资金的使用效率，防范资金损失浪费、效率低下等问题 ⑥要求社会资本方出具相关银行保函，对其履约情况进行担保

1. 履行财政支出责任

在 PPP 项目运作中，政府需按合同约定履行财政支出责任，按出资比例履行相关职责。

2. 项目审计

对 PPP 项目的审计应采取政府审计与第三方审计相结合的方式。

3. 财务监管

政府有必要制定针对项目日常经营活动中财务行为的监管制度，在不影响社会资本工作与项目运作的前提下授权相关部门查询项目账务往来与报表编制等，对项目中社会资本的资金运作与管理进行有效监督。

（二）企业财务管控的内容

在 PPP 项目运作中，企业财务管控主要涉及进行项目相关会计核算和运作资金等工作，在 PPP 项目运作中，企业财务管控具体实施内容见表 7－4。

表 7－4　　PPP 融资模式运作中的企业财务管控内容

序号	财务管控名称	具体实施内容
1	会计核算	我国目前没有专门针对 PPP 项目的会计处理的相关准则，但可参考《国际财务报告解释公告第 12 号——服务特许权协议》《国际公共部门会计准则第 32 号“服务特许经营协议：让渡人”》与英国财政部对 PPP 的相关规定进行会计处理

续表

序号	财务管控名称	具体实施内容
2	运作资金	①建设期资金主要包括资本金来源管理和外部融资资金管理。资本金来源主要包括政府方出资和社会资本方出资，资本金一般占到项目投资总额的 20% ~ 40%。项目建设需要大量的资金投入，社会资本方要积极申请政府方提供的特殊信贷支持，如政府贴息和政策性银行贷款 ②财务预警，主要从项目的盈利能力、偿债能力、负债能力和现金流量等主要方面进行定期分析以防范财务风险 ③运用现金流分层等结构性金融技术，发行不同期限和信用等级的资产证券

1. 会计核算

PPP 会计核算提供的财务信息应以满足政府、私人方银行、保险机构等第三方参与者、社会公众等的决策需求为目标，真实可靠地反映项目资产价值及参与投资的各方产权在项目内的变动情况，保证各投资主体所拥有的项目权益的完善和安全，及时准确地反映 PPP 项目经济运行情况，并对项目经营过程中遇到的财务风险进行及时揭示。

2. 运作资金

按照 PPP 项目的特征，项目资金管理主要分为两个阶段：

建设期资金管理和运营期资金管理。在实际操作中企业要对项目进行成本管理与进度控制，实现对建设投资资金的合理预测、调整和控制；企业应以保障资金流动性、安全性和价值性的平衡为管理原则，在保证运营绩效的同时设定财务预警指标；拓宽资本市场直接融资渠道，实现 PPP 项目的资产证券化与项目收益债。

三、PPP 融资模式移交环节财务管控

（一）政府财务管控

为保证项目资产的完好和使用功能完善并尽可能减少移交行为对项目正常运作的影响，政府应与社会资本方组建项目移交小组，聘请价值评估机构对移交资产进行评估和测试工作。项目移交完成后，政府部门还应对合作过程中的项目产出、成本效益、监管成效、可持续性、PPP 模式应用等进行绩效评价，为未来开展 PPP 管理提供决策参考依据。同时，政府方要按照合同约定支付社会资本方最后的投资成本和投资回报，具体内容见表 7－5。

表 7－5　PPP 融资模式移交环节的财务管控内容

序号	财务管控名称	具体实施内容
1	政府财务管控	①组建项目移交小组，聘请价值评估机构对移交资产进行评估和测试工作 ②项目移交完成后，政府部门还应对合作过程中项目产出、成本效益、监管成效、可持续性、PPP 模式应用等进行绩效评价，为未来开展 PPP 管理提供决策参考依据 ③政府方要按照合同约定支付社会资本方最后的投资成本和投资回报
2	企业财务管控	①参与由政府主导的价值评估工作协助项目移交 ②项目财务后评价，从项目投资者的角度，根据项目实际运作中得到的相关财务数据评价其与预期水平存在的差异，总结在本项目实际运作中所获得的经验教训，促进企业经营管理效率，为以后类似项目投资提供经验数据 ③对项目公司债权债务的实际指标进行统计分析，对项目进行后评估，对各项经济指标与可研数据进行对比分析，找出发生重大变化的原因，获取经验数据，进一步提高项目管理水平

（二）企业财务管控

一方面，企业应参与由政府主导的价值评估工作协助项目移交，另一方面，企业应着手进行项目财务后评价，在项目移交完成后，企业还应对项目公司债权债务的实际指标进行统计分析，对项目进行后评估，对各项经济指标与可研数据进行对比分析，找出发生重大变化的原因，获取经验数据，进一步提高项目管理水平。

第三节 PPP 融资模式财政管理与物有所值评价

一、PPP 融资模式财政管理

（一）项目识别论证

各级财政部门应当加强与行业主管部门的协同配合，共同做好项目前期的识别论证工作。政府发起 PPP 项目的，应当由行业主管部门提出项目建议，由县级以上人民政府授权的项目实施机构编制项目实施方案，提请同级财政部门开展物有所值评价和财政承受能力论证。社会资本发起 PPP 项目的，应当由社会资本向行业主管部门提交项目建议书，经行业主管部门审核同意后，由社会资本编制项目实施方案，由县级以上人民政府授权的项目实施机构提请同级财政部门开展物有所值评价和财政承受能力论证。

新建、改扩建项目的项目实施方案应当依据项目建议书、项目可行性研究报告等前期论证文件编制；存量项目实施方案的编制依据还应包括存量公共资产建设、运营维护的历史资料以及第三方出具的资产评估报告等。项目实施方案应当包括项目基本情况、风险分配框架、运作方式、交易结构、合同体系、监管架构等内容。

项目实施机构可依法通过政府采购方式委托专家或第三方专业机构，编制项目物有所值评价报告。受托专家或第三方专业机构应独立、客观、科学地进行项目评价、论证，并对报告内容负责。

各级财政部门应当会同同级行业主管部门根据项目实施方案共同对物有所值评价报告进行审核。物有所值评价审核未通过的，项目实施机构可对实施方案进行调整后重新提请本级财政部门和行业主管部门审核。

经审核通过物有所值评价的项目，由同级财政部门依据项目实施方案和物有所值评价报告组织编制财政承受能力论证报告，统筹本级全部已实施和拟实施 PPP 项目的各年度支出责任，并综合考虑行业均衡性和 PPP 项目开发计划后，出具财政承受能力论证报告审核意见。

各级财政部门应当建立本地区 PPP 项目开发目录，将经审核通过物有所值评价和财政承受能力论证的项目纳入 PPP 项目开发目录管理。

（二）项目政府采购管理

对于纳入 PPP 项目开发目录的项目，项目实施机构应根据物有所值评价和财政承受能力论证审核结果以完善项目实施方案，报本级人民政府审核。本级人民政府审核同意后，由项目实施机构按照政府采购管理相关规定，依法组织开展社会资本方采购工作。

项目实施机构应当优先采用公开招标、竞争性谈判、竞争性磋商等竞争性方式对社会资本方进行采购，鼓励社会资本积极参与、充分竞争。根据项目需求必须采用单一来源采购方式的，应当严格符合法定条件和程序。

项目实施机构应当根据项目特点和建设运营需求，综合考虑专业资质、技术能力、管理经验和财务实力等因素合理设置社会资本的资格条件，保证国有企业、民营企业、外资企业平等参与。

项目实施机构应当综合考虑社会资本竞争者的技术方案、商务报价、融资能力等因素合理设置采购评审标准，确保项目的长期稳定运营和质量效益提升。

参加采购评审的社会资本方所提出的技术方案内容最终被全部或部分采纳，但在项目采购没有被选中的，财政部门应会同行业主管部门对其前期投入成本予以合理补偿。

各级财政部门应当加强对 PPP 项目采购活动的支持服务和监督管理，依托政府采购平台和 PPP 综合信息平台，及时充分向社会公开 PPP 项目采购信息，包括资格预审文件及结果、采购文件、响应文件提交情况及评审结果等，确保采购过程和结果公开、透明。

采购结果公示结束后、PPP 项目合同正式签订前，项目实施机构应将 PPP 项目合同提交行业主管部门、财政部门、法制部门等相关职能部门审核后，报本级人民政府批准。

PPP 项目合同审核时，应当对照项目实施方案、物有所值评价报告、财政承受能力论证报告及采购文件，检查合同内容是否发生实质性变更，并重点审核合同是否满足以下要求：合同应当根据实施方案中的风险分配方案，在政府与社会资本双方之间合理分配项目风险，并确保应由社会资本方承担的风险实现了有效转移；合同应当约定项目具体产出标准和绩效考核指标，明确项目付费与绩效评价结果挂钩；合同应当综合考虑项目全生命周期内的成本核算范围和成本变动因素，设定项目基准成本；合同应当根据项目基准成本和项目资本金财务内部收益率，参照工程竣工决算表合理测算确定项目的补贴或收费定价基准。项目收入基准以外的运营风险由项目公司承担；合同应当合理约定项目补贴或收费定价的调整周期、条件和程序，作为项目合作期限内行业主管部门和财政部门执行补贴或收费定价调整的依据。

（三）项目财政预算管理

行业主管部门应当根据预算管理要求，将 PPP 项目合同中约定的政府跨年度财政支出责任纳入中期财政规划，经财政部门审核汇总后，报本级人民政府审核，保障政府在项目全生命周期内的履约能力。

本级人民政府同意纳入中期财政规划的 PPP 项目，由行业主管部门按照预算编制程序和要求，将合同中符合预算管理要求的下一年度财政资金收支纳入预算管理，报请财政部门审核后纳入预算草案，经本级政府同意后报本级人民代表大会审议。

行业主管部门应按照预算编制要求，编报 PPP 项目收支预算：第一，收支测算。每年 7 月底之前，行业主管部门应按照当年 PPP 项目合同约定，结合本年度预算执行情况、支出绩效评价结果等，测算下一年度应纳入预算的 PPP 项目收支数额。第二，支出编制。行业主管部门应将需要从预算中安排的 PPP 项目支出责任，按照相关政府收支分类科目、预算支出标准和要求，列入支出预算。第三，收入编制。行业主管部门应将政府在 PPP 项目中获得的收入列入预算；报送要求是指行业主管部门应将包括所有 PPP 项目全部收支在内的预算，按照统一的时间要求报同级财政部门。

财政部门应对行业主管部门报送的 PPP 项目财政收支预算申请进行认真审核，充分考虑绩效评价、价格调整等因素，合理确定预算金额。

PPP 项目中的政府收入，包括政府在 PPP 项目全生命周期过程中依据法律和合同约定取得的资产权益转让、特许经营权转让、股息、超额收益分成、社会资本违约赔偿和保险索赔等收入，以及上级财政拨付的 PPP 专项奖补资金收入等。

PPP 项目中的政府支出，包括政府在 PPP 项目全生命周期过程中依据法律和合同约定需要从财政资金中安排的股权投资、运营补贴、配套投入、风险承担，以及上级财政对下级财政安排的 PPP 专项奖补资金支出。

行业主管部门应当会同各级财政部门做好项目全生命周期成本监测工作。每年一季度前，项目公司（或社会资本方）应向行业主管部门和财政部门报送上一年度经第三方审计的财务报告及项目建设运营成本说明材料。项目成本信息要通过 PPP 综合信息平台对外公示，接受社会监督。

各级财政部门应当会同行业主管部门开展 PPP 项目绩效运行监控，对绩效目标运行情况进行跟踪管理和定期检查，确保阶段性目标与资金支付相匹配，开展中期绩效评估，最终促进实现项目绩效目标。监控中发现绩效运行与原定绩效目标偏离时，应及时采取措施予以纠正。

社会资本方违反 PPP 项目合同约定，导致项目运行状况恶化，危及国家安全和重大公共利益，或严重影响公共产品和服务持续稳定供给的，本级人民政府有权指定项目实施机构或其他机构临时接管项目，直至项目恢复正常经营或提前终止。临时接管项目所产生的一切费用，根据合作协议约定，由违约方单独承担或由各责任方分担。

各级财政部门应当会同行业主管部门在 PPP 项目全生命周期内，按照事先约定的绩效目标，对项目产出、实际效果、成本收益、可持续性等方面进行绩效评价，也可委托第三方专业机构提出评价意见。

各级财政部门应依据绩效评价结果合理安排财政预算资金：对于绩效评价达标的项目，财政部门应当按照合同约定，向项目公司或社会资本方及时足额安排相关支出；对于绩效评价不达标的项目，财政部门应当按照合同约定扣减相应费用或补贴支出。

（四）项目资产负债管理

各级财政部门应会同相关部门加强 PPP 项目涉及的国有资产管理，督促项目实施机构建立 PPP 项目资产管理台账。政府在 PPP 项目中通过存量国有资产或股权作价入股、现金出资入股或直接投资等方式形成的资产，应作为国有资产在政府综合财务报告中进行反映和管理。

存量PPP项目中涉及存量国有资产、股权转让的，应由项目实施机构会同行业主管部门和财政部门按照国有资产管理相关办法，依法进行资产评估，防止国有资产流失。

PPP项目中涉及特许经营权授予或转让的，应由项目实施机构根据特许经营权未来带来的收入状况，参照市场同类标准，通过竞争性程序确定特许经营权的价值，以合理价值折价入股、授予或转让。

项目实施机构与社会资本方应当根据法律法规和PPP项目合同约定确定项目公司资产权属。对于归属项目公司的资产及权益的所有权和收益权，经行业主管部门和财政部门同意，可以依法设置抵押、质押等担保权益，或进行结构化融资，但应及时在财政部PPP综合信息平台上公示。项目建设完成进入稳定运营期后，社会资本方可以通过结构性融资实现部分或全部退出，但影响公共安全及公共服务持续稳定提供的除外。

各级财政部门应当会同行业主管部门做好项目资产移交工作。项目合作期满移交的，政府和社会资本双方应按合同约定共同做好移交工作，确保移交过渡期内公共服务的持续稳定供给。项目合同期满前，项目实施机构或政府指定的其他机构应组建项目移交工作组，对移交资产进行性能测试、资产评估和登记入账，项目资产不符合合同约定移交标准的，社会资本应采取补救措施或赔偿损失。

项目因故提前终止的，除履行上述移交工作外，如因政府原因或不可抗力原因导致提前终止的，应当依据合同约定给予社会资本相应补偿，并妥善处置项目公司存续债务，保障债权人合法权益；如因社会资本原因导致提前终止的，应当依据合同约定要求社会资本承担相应赔偿责任。

各级财政部门应当会同行业主管部门加强对 PPP 项目债务的监控。PPP 项目执行过程中形成的负债，属于项目公司的债务，由项目公司独立承担偿付义务。项目期满移交时，项目公司的债务不得移交给政府。

（五）监督管理

各级财政部门应当会同行业主管部门加强对 PPP 项目的监督管理，切实保障项目运行质量，严禁以 PPP 项目名义举借政府债务。财政部门应当会同相关部门加强项目合规性审核，确保项目属于公共服务领域，并按法律法规和相关规定履行相关前期论证审查程序。项目实施不得采用建设 – 移交方式。政府与社会资本合资设立项目公司的，应按照《中华人民共和国公司法》等法律规定以及 PPP 项目合同约定规范运作，不得在股东协议中约定由政府股东或政府指定的其他机构对社会资本方股东的股权进行回购安排。财政部门应根据财政承受能力论证结果和 PPP 项目合同约定，严格管控和执行项目支付责任，不得将当期政府购买服务支出代替 PPP 项目中长期的支付责任，规避 PPP 项目相关评价论证程序。

各级财政部门应依托 PPP 综合信息平台，建立 PPP 项目库，做好 PPP 项目全生命周期信息公开工作，保障公众知情权，接受社会监督。项目准备、采购和建设阶段信息公开内容包括 PPP 项目的基础信息和项目采购信息、采购文件、采购成交结果、不涉及国家秘密和商业秘密的项目合同文本、开工及竣工投运日期、政府移交日期等。项目运营阶段信息公开内容包括 PPP 项目的成本监测和绩效评价结果等。财政部门信息公开内容包括本级 PPP 项目目录、本级人大批准的政府对 PPP 项目的财政预算、执行及决算情况等。

财政部驻各地财政监察专员办事处应对 PPP 项目财政管理情况加强全程监督管理，重点关注 PPP 项目物有所值评价和财政承受能力论证、政府采购、预算管理、国有资产管理、债务管理、绩效评价等环节，切实防范财政风险。

对违反《政府和社会资本合作项目财政管理暂行办法》规定实施 PPP 项目的，依据《中华人民共和国预算法》《中华人民共和国政府采购法》及其实施条例、《财政违法行为处罚处分条例》等法律法规追究有关人员责任；涉嫌犯罪的，依法移交司法机关处理。

二、PPP 融资模式物有所值评价

（一）物有所值定性分析

1. 定性分析基本指标

物有所值定性分析基本指标，见表 7 – 6。

表 7 – 6 物有所值定性分析基本指标

序号	基本指标名称	具体内容
1	全生命周期整合潜力	主要通过察看项目计划，整合全生命周期各环节的情况来评分。采用 PPP 模式，将项目的设计、建造、融资、运营和维护等全生命周期环节整合起来，通过一个长期合同全部交由社会资本合作方实施，是实现物有所值的重要机理
2	风险识别与分配	主要通过察看在项目识别阶段对项目风险的认识情况来评分。清晰识别和优化分配风险，是物有所值的一个主要驱动因素。在项目识别阶段的物有所值评价工作开始前，着手风险识别工作，有利于在后续工作实现风险分配优化
3	绩效导向	本指标主要通过察看在项目识别阶段项目绩效指标的设置情况来评分。PPP 项目的绩效指标，特别是关键绩效指标，主要确定对 PPP 项目运营维护和产出进行检测的要求和标准，例如，针对公共产品和服务的数量和质量（或可用性）等。绩效指标越符合项目具体情况，越全面合理，越清晰明确，则绩效导向程度越高

续表

序号	基本指标名称	具体内容
4	潜在竞争程度	主要通过察看项目将引起社会资本（或其联合体）之间竞争的潜力，以及预计在随后的项目准备、采购等阶段是否能够采取促进竞争的措施等来评分
5	鼓励创新	主要通过察看项目产出说明来评分。一般来讲，产出说明应主要规定社会资本合作方交付产出的规格要求，尽可能不对项目的投入和社会资本合作方具体实施等如何交付问题提出要求，从而为社会资本合作方提供创新机会
6	政府机构能力	主要通过察看政府的 PPP 理念，以及结合项目具体情况察看相关政府部门及机构的 PPP 能力等来评分。PPP 理念主要包括依法依合同平等合作、风险分担、全生命周期绩效管理等，以及 PPP 不仅是基础设施及公共服务融资手段，更是转变政府职能、建立现代财政制度等的重要手段。政府的 PPP 能力主要包括知识、技能和经验等，以及可通过购买服务获得的能力
7	政府采购政策落实潜力	主要通过预计有效落实政府采购政策的潜力，以及预计在随后的项目准备、采购等阶段是否能够进一步采取落实措施等来评分。物有所值是政府采购的价值取向，不仅指提高公共资金的使用效率和效益，还包括有效落实促进内资企业和中小企业发展、国外技术转让、节能环保、绿色低碳，以及必要时限制外资参与项目等方面的政府采购政策

2. 定性分析附加指标

物有所值定性分析附加指标，见表7-7。

表7-7 物有所值定性分析附加指标

序号	附加指标名称	具体内容
1	项目规模	主要依据项目的投资额或资产价值来评分。PPP 项目的准备、论证、采购等前期环节的费用较大，只有项目规模足够大，才能使这些前期费用占项目全生命周期成本的比例处于合理和较低水平。此外，一般情况下，基础设施及公共服务项目的规模越大，越能够采用 PPP 模式吸引社会资本参与
2	项目资产寿命	主要依据项目的资产预期使用寿命来评分。项目的资产使用寿命长，为利用 PPP 模式提高效率和降低全生命周期成本提供了基础条件
3	项目资产种类	主要依据 PPP 项目包含的资产种类多少来评分。一个项目可以包含多个种类的资产，一般来说，项目的资产种类越多，由社会资本方实施，将实现更高的效率和更好的效果
4	全生命周期成本估计的准确性	主要通过察看项目对采用 PPP 模式的全生命周期成本的理解和认识程度，以及全生命周期成本将被准确预估的可能性来评分。全生命周期成本是确定 PPP 合作期长短、付费多少、政府补贴等的重要依据
5	法律和政策环境	主要通过察看现行法律、法规、规章和政策等制度限制政府采用 PPP 模式实施项目来评分

续表

序号	附加指标名称	具体内容
6	资产利用及收益	主要通过预计社会资本合作方增加额外收入的可能程度来评分。社会资本合作方通过实施项目，在满足公共需求的前提下，增加额外收入，可以降低政府的成本和公众的支出
7	融资可行性	主要通过预计项目对金融机构（贷款和债券市场）的吸引力来评分。吸引力越大，项目越具有融资可行性，越能够顺利完成融资交割和较快进入建设、运营阶段，实现较快增加基础设施及公共服务供给的可能性就越大

（二）物有所值定量分析方法

物有所值定量分析的主要步骤包括：第一步，根据参照项目计算 PSC 值；第二步，根据影子报价和实际报价计算 PPP 值；第三步，比较 PSC 值和 PPP 值，计算物有所值量值或指数，得出定量分析结论。

1. PBC 值计算

PSC 值是指政府采用传统采购模式提供与 PPP 项目产出说明要求相同的基础设施及公共服务的全生命周期成本的净现值。

PSC 值是 PPP 项目物有所值定量分析的比较基准，假设前提是采用政府传统采购模式与 PPP 模式的产出绩效相同。

计算 PSC 主要考虑以下因素：一是项目全生命周期内的建设、运营等成本；二是现金流的时间价值；三是竞争性中立调整、风险承担成本等。

PSC 值包括初始 PSC 值、可转移风险承担成本、自留风险承担成本和竞争性中立调整值。

PSC 值计算公式如下：

PSC 值 = 初始 PSC 值 + 竞争性中立调整值 + 可转移风险承担成本 + 自留风险承担成本

2. PPP 值计算

PPP 值是指政府实施 PPP 项目所承担的全生命周期成本的净现值。

在项目不同阶段，PPP 值的计算依据不同。在项目识别和准备阶段，政府根据项目实施方案等测算的 PPP 值称为影子报价 PPP 值（简称 PPPs 值）；在项目采购阶段，政府根据社会资本提交的采购响应文件等测算的 PPP 值称为实际报价 PPP 值（简称 PPPa 值）。

3. 物有所值量值和指数计算

物有所值定量分析的结果通常以物有所值量值或物有所值指数的形式表示。

物有所值量值 = PSC 值 – PPP 值

物有所值指数 =（PSC 值 – PPP 值）÷ PSC 值 × 100%

物有所值量值和指数为正的，说明项目适宜采用 PPP 模式，否则不宜采用 PPP 模式。物有所值量值和指数越大，说明 PPP 模式替代传统采购模式实现的价值越大。

第八章

建设项目 PPP 融资模式风险控制策略

我国多个地区正在开展建设项目 PPP 融资模式的实施，主要动因是为了解决或缓解在建设项目中资金的短缺问题，而不是为了提高建设项目 PPP 融资的效率。我国在具体实施建设项目 PPP 融资模式的进程中存在一定的风险，例如，政府部门为了能够顺利推进 PPP 项目，通常会给社会资本以更多的承诺，在 PPP 项目招标和诸多合同协议的签署中，政府给予较多的优惠和政策扶植，其主要目的是为了能够加大吸引社会资本的力度。由此，为了促成 PPP 项目，会导致政府承诺的成本较高，但项目运作的最终结果并未实现其承诺。因此，当出现这种 PPP 项目实施各方都不愿意见到的结果时，会直接降低政府部门的信用。同时，项目合作方对投资回报率的期望值过高也是建设项目 PPP 融资模式风险存在的另一主要原因。实践中，我国对 PPP 融资模式的具体运用尚处于起步阶段，合作各方对建设项目 PPP 融资模式的管理运作经验都较为缺乏。所以，在建设项目的前期，PPP 融资模式各个合作方均需做好充分的准备，对项目决策方面，进行有针对性的分析，否则，对建设项目没有充分了解的情况下参加到项目的运作中，对具体投资决策出现期望值过高的状况，将导致该建设项目融资模式的失败。目前，在建设领域，我国正大力推进 PPP 融资模式，中央政府、地方政府和社会私人合作者，对该模式都给予了极大的热情并参与其中，在此背景之下，有些 PPP 项目各个参与方没有将项目风险的规避与防控放在非常重要的地位，甚至在有的 PPP 项目中，对风险防控是淡漠的。由于在具体 PPP 融资模式的实施过程中存在诸多风险与责任问题，所以加强建设项目 PPP 融资模式的风险控制是非常紧迫和现实的问题。①

第一节

建设项目 PPP 融资模式风险控制中的主要问题

我国自 20 世纪 80 年代，在电厂、高速公路等基础设施方面，民间资本已经参与到这些项目之中，有效地缓解了该类项目的资金紧张问题。但是，在实践的过程中，也存在诸多不足

① 李妍，赵蕾．新型城镇化背景下的 PPP 项目风险评价体系的构建——以上海莘庄 CCHP 项目为例［J］．经济体制改革，2015（5）：17－23.

的地方，阻碍了 PPP 模式的有效推广，在此，对 PPP 融资模式风险控制中的主要问题分析如下。

一、法律保障体系不健全

目前，我国法律保障体系不健全，缺少对已签订的 PPP 项目的保护力度。因为随着时间的推移，与 PPP 项目有关的法律法规根据现实需求也处于不断修订及颁布新的法规（或法律）的状态，其会使既有建设项目的合法性、合同有效性受到影响，给建设项目 PPP 融资模式的运营带来诸多不利。这些问题影响是深远的，有的将会导致 PPP 项目的失败或终止。例如，江苏省某污水处理厂在应用 PPP 融资模式进行建设的过程中，项目参与各方在签订合同之后，国家当年颁布了《国务院办公厅关于妥善处理现有保证外方投资固定回收项目有关问题的通知》，这一通知的下发，使得合作方中的外方投资者，不得不重新与项目的政府方进行协商，不得不重新调整投资回报率。所以，法律保障体系不健全对 PPP 项目的影响是相当大的。

二、融资成本高

目前，融资体系依旧是以银行为核心开展信贷活动，银行信贷重点关注的是对贷款的担保和抵押情况，相对于具体融资项目的现金流情况往往在抵押和担保之后。一旦建设项目中发生融资的违约情形时，银行会追索到融资项目的公司主体，这时担保和抵押就会发挥防范风险的作用。建设项目中引入 PPP 融资模式，这种模式对以往传统金融模式带来了新的变化与挑战。PPP 融资模式需要银行提高资金精算能力，同时能准确根据项目自身具有的资金流和政府对项目的资金支持安排，来清晰判断银行授信过程中的风险点集中在哪里。所以，银行等金融机构为了规避财务风险，在决策是否可为 PPP 项目提供贷款时，是非常谨慎的。这就直接导致在融资的进程中，银行要求贷款方提供总体资产的质押，同时银行还对土地、对收费权有质押的要求。收费权是 PPP 融资模式中，具体的项目公司向政府收费的权利。如果项目公司不能按期偿还贷款，则银行可以取而代之，直接向政府收费。综上，建设项目 PPP 融资模式中，项目公司向银行融资的成本是非常高的。在建设项目的整个阶段，例如，实施、运营和维护等各个阶段，都会出现实际支出金额超过项目支出预算的风险，这种风险是由于建设项目所处外部影响因素发生改变或者建设项目内部经营管理或技术方面出现了问题造成的。如果在招投标阶段，政府取消该 PPP 项目或者政府重新对该项目进行招标。这将会在一定程度上造成融资发起人或贷款人面临损失巨额招标费的风险。例如，在建设项目建造阶段，项目建造成本超支、工期延误或由于各种原因，建设项目的各个参与方都将承受巨大损失；在建设项目运营阶段，如果建设项目已经完工同时已经投产，没有办法在数量和质量上给予兼顾，这样将导致项目公司运营成本增加，就会出现严重亏损的风险。

三、收益分配机制需完善

在 PPP 融资模式的运作中，地方政府一般都会明确表示，参加合作的企业可以入股，但绝对不能控股。控股权要由政府控制，政府至少保证要有 51% 的控股权。从股权的构成来看，企业与政府合作之初，就已经处于弱势地位，企业不能获得控股权，不能发挥社会资本的活力，PPP 项目就不能够形成具有真正意义的公司架构，这样运行效率很难高效。所以，致使很多社会资本不愿意介入 PPP 项目。目前地方政府在 PPP 项目的实际操作中，一般给予财政补贴利息，各个地区对 PPP 项目利息的补贴没有具体的标准。但从中央政府层面，不提倡融资银行给予 PPP 项目进行利息补贴。依据 PPP 融资模式基本理论，银行是否融资取决于 PPP 项目公司在运营中现金流量能不能进行全覆盖，即融资责任应该由项目方承担，所以完善收益分配机制是很重要的。

四、过度依赖银行贷款

建设项目 PPP 融资模式的建设和经营周期都较长，同时该类项目的投资金额要求很大，在实施过程中，有诸多不确定性因素的存在，这些都导致了筹资风险。特别是有些 PPP 项目，由于自有资本过低，造成了 PPP 项目过多地依赖银行贷款，这种融资渠道单一性导致融资风险的加剧。因为，如果 PPP 项目的主要资金来源是银行贷款，这将会造成金融风险的积累，这种状况，对 PPP 项目的长期筹资行为是很不利的。具体表现在，对银行的融资资金规模加大，对还款时间要求也高度集中，使还款难度加大，导致融资风险加剧。PPP 项目需要投入巨大资金。当 PPP 项目从建成到正式运营管理后，对银行的这种依赖性，将会加剧负债的压力，使得项目从建成到转入运营管理以后背上沉重的还本付息的负担。同时，有些 PPP 项目，在贷款期限的安排上是不合理的，没有能够科学的筹集资金和进行还款安排，极易出现无法还贷的风险。

五、投资风险高

建设项目 PPP 融资模式属于政府特许经营的一种方式。

PPP 项目的经营、发展与政府的要求有密切的关系，PPP 项目整体建设与国家政策要求是密不可分的，所以，其发展必须满足国民经济的整体利益需求。PPP 项目同时面临着诸多政策层面的风险，即国家政策的变化，具体政策变化主要有利率调整、汇率变动、财政政策变动、税收政策变动等方面，这些方面的变动都会对 PPP 项目的资本运营和财务活动产生风险。PPP 项目最主要的风险是投资风险，主要是指项目投资取得的实际效果和项目预期结果之间会发生一定的偏离。由于 PPP 项目建设期和回收期的时间都较长，会存在较多不可预测因素，如果建设项目投资规模大，其投资风险所造成的损失也会加剧。在实际的操作中，主要应重点考虑投资方向、投资时机、投资规模和投资回收期等因素，加大对投资风险的控制力度。同时，不可忽视的是，建设项目还会受到不可抗力风险的影响，例如社会动乱、瘟疫、水灾、地震等无法预见、不能避免和不能克服事件的发生，这种不可抗力的风险，将会造成整个项目中断或失败。

六、资金回收难

建设项目 PPP 融资模式中，在 PPP 项目的整个运营阶段，受到政府政策、管理能力、技术水平、市场环境等诸多因素的影响，可能会造成建设项目收入下降、成本上升，从而出现不能确保收入实现的风险。例如，当政府部门在一个区域或相近区域内多次建设或批准实施与该 PPP 项目具有同种属性的项目时，势必会出现项目客户的分流，使项目的整体利用量随之减少。这些不利状况的出现，将会发生投资者与债权人整体资金链出现断裂的危险，会造成收益的无法保障及银行贷款本息的无法偿还。同时，有些情况的发生，即使 PPP 项目的定价不发生变化，也同样会对项目造成亏损。例如，以 PPP 模式建设一条高速公路，该 PPP 项目已完工，目前处于经营期，如果在已经建好的高速公路的收费范围内另外再修建一条与之平行的高速公路，或者对相近公路进行道路通行能力的提升和改造，这势必会造成对相同路段交通量的分流和竞争局面的产生。其对以 PPP 项目建设的高速公路在收入方面是一个冲击，将会直接降低该 PPP 项目的收入，导致资金回收更加困难。和高速公路 PPP 项目相类似，电力行业、煤气供应、污水处理等公共基础设施也存在类似的情况。所以，进行 PPP 项目融资的基础是，项目发起人在不健全的公共基础设施定价体系下对该产业进行投资，一定要确定一个恰当的价格，获取投资回报，确保资金回收。

第二节

建设项目 PPP 融资模式风险控制策略

一、健全完善相关法律法规

我国在推广 PPP 工作中存在的主要问题之一是法律制度不健全，对法律法规体系的完善是一个渐进的过程。PPP 项目的法律法规体系应该体现出具体的层次，PPP 总则性法律法规应由中央层面制定并把控；区域性 PPP 法律法规体系应由地方政府层面实施，该法律法规提供各种辅助运作方式，同时支持 PPP 项目可以顺利实施。目前需要破解 PPP 项目实施进程中，相关技术障碍和与现有法律、部门规章和规范性文件衔接不畅通的问题，对已有的不适应 PPP 项目发展的政策法规进行及时清理和修订。对于法律法规内容，应该包含 PPP 项目及其应用范围的界定，PPP 项目中政府审批权限、审批流程和管理程序的规范，同时要明确合同框架及具体的风险分担原则，明确退出机制及 PPP 项目纠纷的处理机制。为了推进 PPP 模式更加规范，同时应针对 PPP 项目对会计准则、信息披露、政府监管和公众参与制度进行重新构建及完善。这样，可以通过明确法律依据及保障，有效消除多头监管的现象。

二、创新融资机制

建设项目 PPP 融资时，目前可实施的融资方式有资本市场发行债券（例如企业债券和政府债券）和追求长期稳定回报的基金（如社保、保险和养老基金）等。但是，目前在 PPP 项目的运作中，从银行进行贷款融资是最为常用的融资工具，基于此，PPP 项目债务率较高，一般在 70% ~90% 之间，所以需要对 PPP 融资机制方面进行创新突破。可设立“PPP 项目融资操作说明”，该说明需由中央银行、银监会和财政部联合出台。通过该说明，可进一步规范金融机构的融资行为，引导金融机构认可收费权的质押，充分挖掘 PPP 项目独有的融资方式，例如，加大对基金投资和金融工具的灵活运用，对 PPP 项目的资金来源，做到期限匹配、成本适当和多元可持续。政府需设置专门的 PPP 项目融资管理机构，进一步优化管理体系。建设项目 PPP 融资模式，对政府资金的需求不能过高，因为毕竟要进行社会资本融资。同时注意，在融资过程中，定价需要遵从市场标准。政府对风险问题的关注使 PPP 项目的绩效问题被列在风险之后，企业内部对建设项目 PPP 风险的管理需要对目标进行设定，对管理机构设置，管理人员配备进行权责划分。针对目前我国 PPP 融资项目主要集中在商业银行贷款的现状，可以直接向银团贷款，开展整体性贷款，同时主动去争取获得政府给予的政策性低息贷款，可采取金融工具套期保值方式进行灵活操作。

三、健全收益分配和风险分担机制

健全收益分配和风险分担机制，需针对建设项目收益制定合理的分配规划，需充分发挥市场配置在资源配置中的作用，需要将建设项目的公益性与盈利性相区分，并且对二者加以量化。在风险分担中，要注意防止责任的无限性，需要立足各个方面的优势，充分考虑最适宜且控制力最强的一方承担风险，所以需要合理分配项目风险。强化 PPP 项目的筛选，同时运用物有所值评价理念和方法，打造完备和科学的 PPP 操作流程。由于政府部门的控制力明显强于民营机构，政府部门可为 PPP 项目提供担保，从而控制政治风险以及 PPP 项目配套设施服务方面的潜在风险。相比较而言，在融资风险和市场风险的控制上，PPP 项目公司更具有执行力，其与各自的收益密切相关，所以此类风险应由 PPP 项目公司承担。当面对不可抗力风险时，各利益相关方可以通过协商机制（如缓冲基金）去共同承担。从政府与民营机构的视角分析，公共政策风险和法律变更风险需要由政府承担；融资风险、建设风险、经营风险和技术风险需要由民营机构承担。在健全收益分配和风险分担机制方面，需注意以下两个方面的问题：如果政府过多的将风险转嫁到社会资本等民营机构中，致使风险超出社会资本民营机构的能力范围，这将不利于双方合作关系的维系与可持续发展；相反，如果政府为了吸引社会资本，而承担过多的风险，致使民营机构取得的回报是没有风险的，从而将风险过多的保留在政府部门，从而会增加政府支出压力，同时也不能有效激励民营机构，不能实现建设项目中应用 PPP 融资的初衷。

四、规范社会资本竞争

在建设项目 PPP 融资模式中，为了保证政府在 PPP 项目的运作中政府采购的公开与公平，需要规范社会资本竞争及其选择程序。通常情况下，省级财政部门均需按照政府采购法律制度及其相关规定按程序确定 PPP 项目的承担单位，这样可以提高政府部门采购效率及工作透明度。为了确保 PPP 项目的成功，政府部门需合理安排各个流程，主要包括公开招标、邀请招标、竞争性谈判等竞争性采购方式，通过规范上述各个流程，可对候选投标者进行综合评估，评估的标准主要涉及专业资质、技术能力、管理经验和财务实力等方面。为了实现政府与社会资本间的公平交易，需要树立 PPP 项目的契约精神。契约精神是符合市场化运作的标志之一，但是在我国 PPP 项目的具体实践中，存在地方政府商业意识淡薄，契约精神缺乏等问题，不利于 PPP 项目的顺利开展。因为政府部门掌握着公权力，在项目的合作各方中，私人部门企业处于博弈过程中弱势的一方，政府部门很容易将自身的意志强加于私人部门。

在规范社会资本的进程中，PPP 项目的推广要求政府部门转变职能，即，将传统的“管理者”转变为“监督者、合作者”，政府部门需转变观念，在 PPP 项目的实施中，政府应以交易者的身份参与其中，不应是行政管理者。

五、完善定价与调价机制

在建设项目 PPP 融资模式中，为了确保私人部门“盈利但不暴利”，必须完善定价与调价机制。在 PPP 项目中，不同的参与各方，各自的诉求是不同的。政府部门的目标具有公益性，在保证公益性的基础之后才是提高公共产品供给效率和质量，所以，政府部门不允许民营部门制定的公共产品价格过高或获取暴利，政府部门也不允许使用者有不满情绪和国有资产流失情况的发生；与此相反，民营部门如果在 PPP 项目中无利可图是不可能参与到 PPP 项目中与政府合作的，因为民营部门经营运作的目的是利润最大化。所以，PPP 项目成功的关键，就是要民营部门有利可赚，但这个“利”不是“暴利”。同时，由于 PPP 项目具有长期性特征，完善的定价与调价机制必须要建立起来，要根据特许经营期内，建设项目具体的运营情况、社会公众的满意度，及时对 PPP 项目中的价格、补贴等进行适时的调整，从而有效保证私人部门在 PPP 项目全过程中获得合理的回报，规避公私合作中可能会出现的利益冲突。

六、加强全过程监管

随着 PPP 模式深入推广使用，私人部门与 PPP 项目进入深度合作，这就使得 PPP 建设项目和“政府投资项目”在投资主体上已发生差异，由于 PPP 模式的运作，国有资产在建设项目中所占投资比重逐步降低，这些变化对政府投资项目在建设管理和审计监管方面产生重要影响并带来巨大挑战。政府部门最终是公共产品和公共服务提供者的角色没有改变，最终出资人的实质也未改变。建设项目的基本属性是公共项目，这也是 PPP 项目产生的根源。建设项目 PPP 模式中，公共利益的载体是建设项目所提供的产品和服务，这些产品和服务必须是要由政府部门进行提供的。建设项目 PPP 融资模式的规范运作必须要有国家审计监督，加强全过程监督在 PPP 项目中具有不可替代的重要作用。为了保证社会公众利益不受到损害，不允许国家审计监督等有效监督机制出现缺位，如果缺位将会造成综合效益下降和投资成本的增加。在建设项目 PPP 融资模式中，国家审计部门要从 PPP 项目全过程视角进行审计和评价，主要涉及 PPP 项目具体政策落实、PPP 项目立项可行性、PPP 项目实施过程合法合规性、PPP 项目投资绩效分析等方面。[①]

---

① 杨俊龙．PPP 模式的效应、问题及优化对策研究［J］．江淮论坛，2017，283（3）：40－46．

参考文献

1. 赵立军. 城市基础设施建设中应用 PPP 模式的理论基础分析 [J]. 工程技术：全文版，2016 (11)：258.

2. 杨晓. 全生命周期视角下基础设施类 PPP 项目利益相关者分析 [J]. 中国集体经济，2017 (1)：55 - 57.

3. 肖成志. 对我国与英国 PPP 模式发展路径的比较分析 [J]. 西南金融，2016 (12)：44 - 48.

4. 闫海龙. 英国 PPP 模式发展经验借鉴及对我国的启示 [J]. 商业经济研究，2016 (12)：122 - 123.

5. 蔡今思. 英国 PPP 模式的构建与启示 [J]. 预算管理与会计，2015 (12)：47 - 51.

6. 孙欣华. 英国 PPP 模式发展特点、主要监管措施及对我国的启示 [J]. 经济研究导刊，2015 (20)：244 - 245.

7. 邱闯. PF2：英国 PPP 的新模式 [J]. 中国投资，2015 (3)：65 - 66，11.

8. 中国财政学会公私合作（PPP）研究专业委员会课题组，贾康，孙洁．北京地铁四号线PPP项目案例分析［J］．经济研究参考，2014（13）：56－61.

9. 李霞，朱云，蓝艳．欧美绿色供应链发展经验及启示［J］．环境与可持续发展，2013，38（6）：113－115.

10. 陈通，杜泽超，姚德利．基于PPP视角的公共项目风险因素重要性调查分析［J］．山东社会科学，2011（11）：127－130.

11. 叶晓甦，吴书霞，单雪芹．我国PPP项目合作中的利益关系及分配方式研究［J］．科技进步与对策，2010，27（19）：36－39.

12. 胡海虹．城市轨道交通PPP项目风险管理研究［D］．复旦大学，2012.

13. 彭志敏．PPP项目中企业融资风险控制探讨——以中铁投资集团长沙空港城为例［J］．财会通讯，2017（2）.

14. 杨俊龙．PPP模式的效应、问题及优化对策研究［J］．江淮论坛，2017，283（3）：40－46.

15. 孟刚．澳大利亚基础设施公私合营（PPP）模式的经验与启示［J］．海外投资与出口信贷，2016（4）：37－41.

16. 调研组．澳大利亚发展公私合作伙伴关系的经验与启示［J］．中国财政，2013（6）：71－73.

17. 莫小龙，王长斌，杨光，等．澳大利亚发展公私合作伙伴关系的经验与启示［J］. 中国财政，2013（6）：71－73.

18. 隋钰冰，陈慧. 加拿大PPP项目的三大成功经验［J］. 人民论坛，2017（31）：204－205.

19. 杨雅琴. 加拿大运用PPP投资公共项目的经验借鉴［J］. 地方财政研究，2016（4）：40－45.

20. 王景森. 加拿大保障房PPP模式建设管理经验［J］. 中国财政，2014（9）：39－40.

21. 刘晓凯，张明. 全球视角下的PPP：内涵、模式、实践与问题［J］. 国际经济评论，2015（4）：53－67.

22. 张胜. PPP模式的发展及其在湖北的应用［J］. 武汉金融，2015（11）：43－45.

23. 裴俊巍. 国外PPP立法特点与经验借鉴［J］. 中国财政，2016（12）：33－35.

24. 刘薇. PPP模式理论阐释及其现实例证［J］. 改革，2015（1）：78－89.

25. 于雯杰. 国外PPP产生与发展概述［J］. 经济研究参考，2016（15）：45－49.

26. 温来成，刘洪芳，彭羽. 政府与社会资本合作（PPP）财政风险监管问题研究［J］. 中央财经大学学报，2015（12）：3－8.

27. 王莲乔，马汉阳，孙大鑫. PPP项目财务风险：融资结构和宏观环境的联合调节效应 [J]. 系统管理学报, 2018 (1): 83 - 92.

28. 徐刚. 基于 PPP 模式的 BOT 项目财务风险分析及防范 [J]. 公路交通科技, 2015, 32 (9): 150 - 153.

29. 邓跃跃. 建筑施工企业 PPP 项目管理会计应用实践 [J]. 财务与会计, 2018 (1): 36 - 37.

30. 毕忠利. 城市基础设施 PPP 模式融资风险控制研究 [D]. 东北财经大学, 2016.

31. 桑美英. 基础设施 PPP 项目的风险管理研究 [D]. 长安大学, 2014.

32. 朱丹娜. PPP 模式在我国城市基础设施建设中应用的研究 [D]. 江西财经大学, 2016.

33. 夏明月. 城市基础设施 PPP 项目的风险管理研究 [D]. 安徽建筑大学, 2016.

34. 赵佳. 城市地下综合管廊 PPP 模式融资风险管理研究 [D]. 青岛理工大学, 2016.

35. 齐娜娜. PPP 模式下综合管廊项目风险评价研究 [D]. 山东大学, 2016.

36. 张军. LPS 市综合管廊项目 PPP 融资风险管理研究 [D]. 安徽大学, 2017.

37. 孔斌. PPP 模式在我国城市市政基础设施建设中的应用

研究 [D]. 上海交通大学，2016.

38. 程孟萍. 高速公路 PPP 项目财务风险管理研究 [D]. 安徽财经大学，2017.

39. Brooks H, Liebman L, Schelling C S. Public – Private Partnership: New Opportunities for Meeting Social Needs [J]. Journal of Policy Analysis & Management, 1984, 4 (2).

40. Hiramatsu K. Status Quo and Problems of Private Infrastructure Projects in Asia: Risk Management on Proiect Finance [J]. Journal of College of International Studies, 1998, 21: 1 – 31.

41. Brooke S, Vail J G. Public-and private-sector partnerships in contraceptive research and development: guiding principles. [J]. International Journal of Gynaecology & Obstetrics the Official Organ of the International Federation of Gynaecology & Obstetrics, 1999, 67 (S2): S125.

42. Ramamurti R. Can governments make credible promises? Insights from infrastructure projects in emerging economies [J]. Journal of International Management, 2003, 9 (3): 253 – 269.

43. Nilsson J E, Pyddoke R. Public Private Partnership in transport infrastructure: State-of-theart [J]. Vti Rapport, 2007.

44. IIhan R K. Public Private Partnerships in Turkey [J]. European Public Private Partnership Law Review, 2011.

45. Ahmad U, Ibrahim Y, Minai M S. Public Private Partnership in Malaysia: The Differences in Perceptions on the Criticality of Risk Factors and Allocation of Risks between the Private and Public Sectors [J]. International Review of Management & Marketing, 2017, 7.

46. 金诺律师事务所. 政府和社会资本合作（PPP）全流程指引 [M]. 北京：法律出版社，2015.

47. 政府和社会资本合作项目财政管理暂行办法 [EB/OL]. http://jrs.mof.gov.cn/zhengwuxinxi/zhengcefabu/201610/t20161020_2439665.html, 2016.

48. PPP 物有所值评价指引（试行）[EB/OL]. http://jrs.mof.gov.cn/zhengwuxinxi/zhengcefabu/201512/t20151228_1634669.html, 2015.